2018年主题出版
重 点 出 版 物

中国
时刻

40年400个
难忘的瞬间

1999—2018

陈晓明 主编

山东画报出版社

图书在版编目（CIP）数据

中国时刻：40年400个难忘的瞬间（1999—2018）/陈晓明主编. —济南：山东画报出版社，2018.11（2021.4重印）
ISBN 978-7-5474-2955-6

Ⅰ.①中… Ⅱ.①陈… Ⅲ.①改革开放—成就—中国 Ⅳ.①D619

中国版本图书馆CIP数据核字（2018）第247238号

图片合作 视觉中国 《老照片》

中国时刻：40年400个难忘的瞬间（1999—2018）
陈晓明 主编

项目策划 李文波
项目统筹 赵发国 秦 超
项目成员 赵发国 秦 超 赵祥斌 姜 辉 梁培培
责任编辑 姜 辉 秦 超
装帧设计 王 芳

出 版 人 李文波
主管单位 山东出版传媒股份有限公司
出版发行 山东畫報出版社
社 址 济南市英雄山路189号B座 邮编 250002
电 话 总编室（0531）82098472
市场部（0531）82098479 82098476（传真）
网 址 http://www.hbcbs.com.cn
电子信箱 hbcb@sdpress.com.cn
印 刷 山东星海彩印有限公司
规 格 180毫米×240毫米 1/16
29印张 200幅图 200千字
版 次 2018年11月第1版
印 次 2021年4月第2次印刷
书 号 ISBN 978-7-5474-2955-6
定 价 88.00元

40年的辉煌和点点滴滴

山东画报出版社以出版《老照片》闻名，自1996年以来，《老照片》就深受各界读者喜爱，至今还是很多百姓的珍藏。20世纪历史的点点滴滴，通过不同人群的生活瞬间留下历史印记，让人们感受到历史的面容和身影。今年正值中国改革开放40周年，为给这40年留下一份真切的记忆，在山东出版集团的倡导下，山东画报出版社出版了这套《中国时刻：40年400个难忘的瞬间》纪念图册。要将这40年每年选定几张照片来记忆这一年的精神面貌，显然不是件容易的事，即使是让全民投票，最终也不可能选出让所有人都满意的最有代表性的照片。这就只能是一个相对的选择，只能是体现了某种角度的选择。

1978年，党的十一届三中全会上做出了改革开放的伟大决策，对于中国这个国家来说，可以说迎来了近代以来最伟大而又深远的一场社会变革。这场变革的伟大意义可以从许许多多的方面来讨论，但是有一点是所有人都会赞同的：那就是改革开放真正在落实“人民当家作主”这个政治理念，把让人民过上幸福美满的生活作为社会发展的宗旨。正是基于这样的认识，编辑工作组在编选图片反映改革开放40年的伟大历史进程时，就着重选择普通人的生活视角，从这些普通人的日常生活的一个瞬间、一个景象、一个侧面来反映一个时代的风貌，表达了一段历史进程是如何深入到普通人的心灵世界里的。当然，40年分成4个10年来编选，每年可选入10张照片左右，要用10张照片全面反映出这样一个风起云涌的时代，无疑是不可能的，这只能是用一滴水来反射太阳的光芒，用一个场景、一个眼神、一个笑容来表达时代的心声。

1978年的照片选用了安徽小岗村的土地承包制，严俊昌、严立学、严立坤三人手持农具站在自己承包的土地上，目光看着前方，心中充满无限憧憬。中国的改革开放从农村开始，从切实解决民生入手，实事求是，实践是检验真理的唯一标准。随后的照片有上海首批个体户的诞生，有张照片是修钢笔的个体户的小门帘，很平常、平静的一张照片，但是，这里面蕴含着释放生产力的巨大能量。改革开放以后，城市个体户如雨后春笋般冒出来，这是继农村改革后，中国又迈出了城市改革的步伐。由此出发，城市里的国营企业也开始走向改革，中国社会开始大踏步走向市场经济的新阶段。

有些照片对于不同时代的人感受可能很不一样，对于出生于50年代的那代人来说，1977年恢复高考，就是改变命运的时代转折，多少青年人从农村的田地里走进了大学的大门，从此在知识的大海里畅游。第一册里有一张照片，是北京王府井书店门前排着长队购买图书的情景。这种照片，相信如今五六十岁的人都会有深刻印象，那时当然不只是北京的王府井书店，全国各地稍大点的书店，在1978、1979那两年，几乎每天凌晨门前都会聚集着买书的队伍。那时图书到货少，尤其是外国文学名著，每次到货，瞬间一抢而空。这表明中国人追求知识的热情，追求思想启蒙和进步，这正是改革开放的思想动力。中国人向往外面的大千世界、向往思想解放，这才是时代进步的精神源泉。

在20世纪80年代，改革开放给予普通人追求幸福生活的机遇，那时人们对未来的生活无不充满希望。1980年的电影《庐山恋》，是一部抒情浪漫的电影，并无多少复杂的情节，但那种情调昭示着新生活的到来。在那张著名的剧照里，演员郭凯敏和张瑜坐在石崖上，憧憬的目光眺望远方，远方是多么迷人的地方！那时的中国人真是充满信心，每个人都相信，通过自己的勤劳奋斗，美好幸福的生活一定会到来。这就是改革开放的民意基础，奔小康，实现四个现代化，人民生活美满，国家富强，这是中国人的普通信念。

20世纪80年代中期，改革开放初见成效，深圳蛇口工业区喊出“时间就是金钱，效率就是生命”的口号，可谓惊世骇俗。1984年，中国体育代表团到美国参加洛杉矶奥运会，许海峰的一枪，让中国代表团实现奥运金牌零的突破，那时对于国人就是极大的振奋。90年代初，中国的市场经济大潮全面涌动，大批农民工进城，在各个省会城市的火车站，都可以看到进城农民工人山人海的景象。信阳火车站、广州火车站，这些照片反映了中国农民背井离乡到城市打拼的场面。他们的生活艰辛困苦，劳动强度可想而知。中国的改革开放、城市化和制造业的高速发展，没有乡村农民工的奉献，是不可想象的。这里有不少照片反映了他们的生活和劳动场景。

改革开放也激起中国人致富的梦想，股票交易在中国的市场经济中发挥着巨大的作用，普通老百姓有了新的尝试。1990 年的照片，看到一群老百姓冲进交易所去买股票，他们是新业态的先行者。1990 年 12 月 19 日，上海证券交易所开业，多少百姓魂牵梦萦，快 30 年了，股市为国企改革做出了巨大的贡献。改革开放带来中国进步，但普通人始终过着很普通的生活，我们也不能忘记不少劳动者的生活还很艰苦。这里有两张照片：一张是 1998 年河南商丘的下岗女工在新岗位工作的照片，在国企改革的大潮中，很多像她一样的女工牺牲小我，成就大我，为改革的推进贡献了自己的力量；另一张摄于 1998 年的北京，一位农民建筑工在给过 70 岁生日的老母亲打电话，他的脸上满是急切的关心，目光又是那样的坚毅，是他们为城市的建设贡献了无穷的力量。普通劳动者反倒很容易体验到生活的快乐和幸福。那些在逆境中矢志不渝的奋斗故事有着感人至深的力量，1999 年有张照片，记录了马云在给他的小伙伴们鼓劲，最初跟他一起创业的团队成员都享有股份。现在看到这张照片，只有马云精神昂扬，满屋子的小伙伴似乎都一脸的茫然。他们可能也意想不到后来的成功，和马云一起创造了阿里巴巴的奇迹。

这几册照片不只是反映了时序的变化，也有天南地北的生活差异，也有城乡生活的落差。选择这些照片无意于做对比，只是想反映生活的方方面面。生活条件不同，生活方式各有不同，各有趣味，各有幸福感。2000 年，首都北京某酒店新人正在举行千禧年集体婚礼。对于青春生命来说，这样的时刻都充盈着幸福美好。

在伟大的历史进程中，一些普通人的普通事迹显得尤为感人。这里有张照片记录了方茂荣老师的一个日常场景。2005 年 3 月 26 日，安徽省金寨县江店镇马店村道龙小学，方老师带着 19 个学生摆渡上学。从 16 岁开始，方老师已经在这个村子待了 33 年，他们夫妇俩每天都要摆渡接送孩子们上学、放学。看着乡村的孩子们脸上洋溢的幸福笑容，就像海子的诗里说的，“你不能说我一无所有”，他们也是富足的，生长在改革开放时代，他们也一定会拥有美好的未来。照片集里选有多张反映乡村学校孩子们学习的场景，比如收入 2007 年的一张西藏自治区浪卡子县普玛江塘乡完小的学生们午饭后在操场上活动的照片。这是世界上海拔最高的学校，孩子们的天真欢乐，眼神里透出的乐观自信很是感人。还有一张是四川省广安市华蓥蓝艺民工子弟学校的“留守儿童”，他们聚在一起，利用课余时间，在博客中给在外务工的爸爸妈妈留言。

当然，进入 21 世纪，中国的改革开放迎来了高速发展的机遇，2001 年中国加入 WTO，2003 年中国的神舟五号载人飞船进入太空，接着是神六、神七，显示了中国航天事业的发展进入新时期。2008 年中国成功举办奥运会，这一年几乎成为中国人民族信心提振的里程碑。从此，中国人的自豪感成倍地增长，具有重要的积极的意义。

最近 10 年，中国改革开放硕果累累，不管是以嫦娥二号为标志的航天事业，还是辽宁舰体现的海洋实力，或是高铁体现的中国速度，都令人对改革开放的成就兴奋不已。2012 年，习近平同志在党的十八届一中全会上当选为中共中央总书记，

2013年在第十二届全国人大第一次会议上当选为中华人民共和国主席，卓越的领导人带领人民走进新时代。这里选取了一张老百姓在报亭手拿报纸认真阅读的照片，眼神里透露出对中国进步和美好的更高的期盼。新世纪值得称道的是，中国的大国气派也体现得很充足，2014年在北京怀柔雁栖湖举办APEC大会；2016年在杭州举办G20峰会；2018年在青岛举行上合峰会，等等。所有这些伟大的事物，都和普通老百姓的生活息息相关，在新世纪中国迅猛发展的年代，我们依然较多地选取普通人的日常生活照片。当然，还有文化方面的成就，2012年莫言获得诺贝尔文学奖，2016年曹文轩获得国际安徒生奖，这些个人的文学成就，折射出改革开放40年，中国文学在变革创新的进程中所取得的标志性成果。在科技方面，2015年屠呦呦获得诺贝尔生理学或医学奖具有显著的代表性。当然，改革开放这40年，科技方面的成就不胜枚举，书里收集到的国家发展进步的那些事迹，无不与科技的革新创造有关。

历史学家威廉·狄尔泰（Wilhelm Dilthey）在谈到历史中的意义时曾说道："生命就是存在于某种持续存在的东西内部的、得到各个个体体验的这样一种完满状态、多样性状态，以及互动状态。它的主题是与历史的主题相一致的。生命在历史的任何一个关节点上都存在。而且，在绝大多数情况下，历史都是由所有各种生命构成的。历史只不过是根据作为一个整体的人类所具有的连续性来看待的生命而已。"（《历史中的意义》）中国改革开放这40年，仿佛是历史本身获得新生且不断焕发生机、成长壮大的过程，每个中国人作为生命个体都汇入这个历史的创造过程，也分享和显现了这个伟大进程的生命活力。这套图书就是显现这些生命个体和这些事迹在历史中的状态，它们只是一些局部和侧面，但是，都以不同的方式体现了改革开放这40年的伟大进步。

陈晓明

2018年8月15日

照见历史

改革开放是一场伟大的变革。清末，面对列强坚船利炮将中国“打进”现代社会的现实，李鸿章曾发出中国面临“三千年未有之大变局”的慨叹。人们好奇的是，假如李鸿章能活到今天，他该如何形容当代中国天翻地覆式的巨变！无论从什么角度来讲，改革开放的40年都具有划时代的意义。40年中，中国从一个相对封闭落后的国家，一跃而起成为世界第二大经济体；40年中，中国突破了冷战幕布的遮挡，又重新回到世界舞台的中央。毫无疑问，这40年是中国历史运行过程当中又一个高峰，这个高峰堪与中国历史上最辉煌强盛的时期相比。这是当代中国跨越许多个世纪与汉唐中国的一次有力握手。有幸生活在这样一个波澜壮阔的时代，我们不仅是历史的创造者和见证者，更应该是历史的书写者。

我历来呼吁当代人写当代史，在我看来，当代人写当代史具有无可比拟的优势，其中最大的优势，就是当代人能直接观察、亲身感受、耳濡目染当代史本身，至少能部分地直观历史的“本来面目”。为人们所崇尚的“如实直书”的治史理念也只有在治当代史时才能部分地变成现实，因为唯有当代史才可以部分地诉诸历史本身来检验。我常说，最真实的历史可能是当代史，因为只有当代史在你描摹它时它还在，至少它还存在于你的印象和感受之中。我不相信，几十上百代之后的人比曾经生活在“民国时代”的人更能写好“民国时代”。同样，我更不相信今天的史家比司马迁更能写好秦末汉初的历史。

书写历史的工具有各种各样，在这样一个读图时代，图片或许是记录历史最好的媒介。同文字、声音相比，图片能使历史的过程纤毫毕现，给人十分形象、真切的信息，无论是米粒之珠，还是长河大漠，观者皆能如亲眼所见，仿佛身临其境。前人早就对图像记录历史的优势多有论述，南北朝时著名的绘画批评家姚最认为图画可以“立万象于胸怀，传千祀于毫翰”。唐代画家张彦远也曾在《历代名画记》中说过：“记传所以叙其事，不能载其容；赞颂有以咏其美，不能备其象。图画之制，所以兼之也。”这些都是对图像记录历史功用恰如其分的评价。一图可以阅尽千秋万代，《清明上河图》对历史的再现比得上任何一部史书。近年来，在西方史学界，图像对历史研究的重要性更是日益得到重视，“图像证史”已成为新文化史研究的一个热点。以图像撰写历史的方法已得到普遍认可。

披览这部《中国时刻：40 年 400 个难忘的瞬间》，常常为其中那些熟悉的场景而动容。不错，谈起改革开放的变迁，人们总是会想到高铁，想到遍布城市、高耸入云的摩天大楼，想到嫦娥系列探测器，想到天宫太空实验室，等等，但生活在这个时代的普普通通的群众，或许更能反映这个时代的进步。正是出于这种考虑，这套书的编者没有把重点放在人们习以为常的宏大叙事上，而是将眼光投射到百姓的日常生活中，通过展示 40 年来普通群众的生活百态，来呈现改革开放的“万物生生而变化无穷”。正如冲天的大潮总是由千万朵浪花组成，史诗般的改革开放大剧也是由千千万万个普通群众来演出。改革的全景，就是一张张普通的面孔聚集在一起。所以，阅读收进这套丛书中的一幅幅图片，你会强烈感受到改革开放就跳动在这些普通人的眼神中、笑容里，跳动在他们多姿多彩的生活里。改革开放的质感，就凝固在这一帧帧的图片当中。

需要特别指出的是，这套丛书图文并茂，具有很强的可读性、艺术性、纪实性，编者在甄选图片时眼光独到，颇有工于别择取舍之良史风范。尤其难能可贵的是，面对如此庞杂的材料，编者表现出超强的归纳能力，将内容各异的图片贝联珠贯，约束在共同的主题之下，此等功夫，非对历史有深邃理解者不能为也。为此，我愿以一个历史工作者的身份，郑重向读者诸君推荐这套书。

王学典

2018 年 8 月 10 日

目　录

中国时刻

1999—2018

1999

号外
三枚导弹击毁中国驻南联盟使馆
号外

中国驻南联盟大使馆遭到轰炸。 李洁军 摄

1999年5月8日，广东省广州市大学生上街游行示威，抗议以美国为首的北约组织轰炸中国驻南联盟大使馆。以美国为首的北约组织发射3枚导弹击中了中国驻南联盟大使馆，造成新华社女记者邵云环、光明日报社记者许杏虎和妻子朱颖3人牺牲，同时炸伤数十人，使馆馆舍损毁严重。消息传到国内，中国人民群情激愤，全国多地爆发了大规模反美示威游行。中国政府强烈抗议北约军队的这一野蛮行为，并向美国等北约主要国家发表声明，要求其必须严惩凶手并赔礼道歉，给中国政府和人民一个满意的交代。

1949

国庆1999

（上页图片）

祖国五十华诞。 袁学军 摄

1999 年 10 月 1 日，中华人民共和国迎来 50 岁生日，天安门广场举行了盛大的阅兵式和群众游行活动。从 1949 年至 1999 年，中华人民共和国迎着风霜、迈着坚定的步伐走过了半个世纪。时光定格在 1999 年 10 月 1 日的北京天安门广场，此刻 50 余万各族军民正以盛大的阅兵式和群众游行为祖国庆生，来自陆军、海军、空军、人民武装警察部队、民兵预备役的 1 万多名官兵，分别组成 17 个徒步方队、25 个机械化方队、10 个空中梯队，浩浩荡荡通过天安门广场，接受祖国和人民的检阅，向世人展示了中国国防和军队现代化建设的巨大成就。1999 年的国庆活动，是在世纪之交举行的一次国庆盛典，是中国共产党领导人民继往开来、与时俱进，把建设中国特色社会主义伟大事业全面推向 21 世纪的重要象征。

海口大英山机场的最后一个航班。 黄一鸣 摄

1999 年，海口大英山机场停运，这是海口大英山机场的最后一个航班。海口大英山机场是一座城市中央机场，是海南连接内地的空中桥梁。改革开放后，海口依靠自身良好的自然条件和国家政策，社会经济迅速发展，逐渐迎来了大发展时期，对航空运输的需求越来越大。1992 年，大英山机场年客流量突破百万人次，其地处市中心的弊端也逐渐显现，如噪音污染严重，机场附近道路拥堵等，对海口市区民众的生产生活造成了极大影响，机场搬迁已是势在必行。1999 年，大英山机场停运，新建的美兰国际机场开始运营，老机场开始了荒地换新颜的新征程。经过逾 10 年的开发，如今的大英山 CBD 已被打造成集行政、商务、教育、购物、休闲娱乐为一体的城市核心。

澳门末代总督韦奇立。 卢北峰 摄

1999 年 12 月 19 日，最后一任澳门总督韦奇立抱着葡萄牙国旗离开总督府。20 日零时，万众瞩目的中葡两国政府澳门政权交接仪式在澳门文化中心花园馆隆重举行。在嘹亮的《义勇军进行曲》乐曲声中，中华人民共和国国旗和中华人民共和国澳门特别行政区区旗在这里庄严升起。从此，澳门回到祖国母亲的怀抱，迎来全新的未来。而事实也证明，回归后的澳门，政治稳定、经济繁荣、社会和谐、民生改善，实现了世人瞩目的大发展，谱写了“一国两制”成功实践的新篇章。

昆明世界园艺博览会。 Reuters 供图

1999 年 5 月 1 日，昆明，世界园艺博览会开幕后，一名中国妇女在英国式花园参观。1999 年，以“人与自然——迈向 21 世纪”为主题的世界园艺博览会在昆明成功举办，这也是中国举办的首届专业类世博会，为后来中国举办综合类世博会积累了经验。昆明世界园艺博览会从 5 月 1 日至 10 月 31 日为期 184 天，国内外参观人数达到 950 万人次。参加这次博览会的国家和国际组织 95 个，是同类博览会中参会单位最多的博览会之一。有 34 个国家和国际组织以及中国各省、自治区、直辖市在世博园中建设了风格各异、特色鲜明的园林园艺精品。几十万株奇异植物竞相媲美，上百万盆鲜花争奇斗艳。

鼓浪屿的家庭音乐会。 黄少毅 摄

1999 年，厦门鼓浪屿，一个家庭正在举行音乐会，无论是表演者还是听众都沉浸在了这种美妙的氛围之中。音乐是人类最美的语言，孔子为了它“三月不知肉味”，鼓浪屿人同样将它作为生活的必备元素。鼓浪屿这个不足 2 平方公里的小岛，因优雅的人居环境与氛围，造就了人们爱好音乐的传统。平日，你在岛上常能听到阵阵悠扬的琴声和悦耳的歌声，这是鼓浪屿富有特色的家庭音乐会开始了。这种以家庭为单位的音乐会，不仅反映了鼓浪屿的音乐传统，也体现了改革开放后，鼓浪屿人的家庭生活在解决温饱后，逐渐丰富起来，人们开始追求精神上的享受和发展。

南疆的生命线。 陈国华 摄

1999年，前后历时25年的南疆铁路终于全线通车运营，为了看一眼火车，一位维吾尔族老人甚至赶着毛驴车行程百余公里，守候了三天三夜。这条从新疆吐鲁番出发，终点至喀什，全长1446公里的铁路，从一开始运营就成为南疆人民运输物资和进出的生命线。1962年底，兰新铁路铺轨到乌鲁木齐，结束了新疆没有铁路的历史后，新疆铁路逐渐迎来建设时期，多条线路开建，到2014年，新疆首条高铁——兰新高铁乌鲁木齐南至哈密段也正式开通运营。特别是随着“一带一路”建设的加速推进，新疆铁路也迎来了大发展，按照新疆铁路发展规划，到2020年，新疆铁路营运里程将达到1万公里以上，届时，新疆将会成为中国对外交流的重要窗口。

入乡随俗的外国人。 赵兰健 摄

1999年7月，盛夏的北京街头，一位大娘正在给一个外国人理发。在过去，这种场景很难看到，在20世纪80年代早期，外国人在北京的活动范围是非常有限的。直到1985年，中国第一部对外国人入境进行规范的文件《中华人民共和国外国人入境出境管理法》颁布，中国部分地区才正式对外国人开放。从此，越来越多的外国人来到中国学习、交流、经商，而国人对于出现的外国人，也由最初的“指指点点”变成现在的习以为常。

离休干部教孩子们滑旱冰。 康泰森 摄

1999 年 8 月，北京海淀区，离休干部马俊山在教孩子们滑旱冰。滑旱冰又叫轮滑，19 世纪末，这项新兴运动传入中国，当时只是作为娱乐活动在沿海个别城市出现。20 世纪 80 年代，改革开放使人们的生活方式发生了一系列变化，轮滑作为一项时尚运动，在中国的大地上开始由南向北传播，各地相继建成简易轮滑场所供青年人休闲娱乐。1980 年，中国加入国际轮滑联合会，自此轮滑作为一项体育运动逐渐被民众所接受，随后，轮滑运动在中国的发展可谓是遍地开花。

阿里巴巴的诞生。 阿里巴巴 供图

1999年9月，以马云为首的18人在杭州正式成立了阿里巴巴。1994年，中国大陆正式引入互联网，当时，谁也料想不到它对中国社会会产生如此大而广泛的影响。1999年，阿里巴巴成立后，抓住网络发展的机遇，相继成立淘宝网等第三方销售平台，极大地带动了中国互联网经济的发展。如今阿里巴巴已成为涵盖电子商务服务、金融服务、物流服务、跨境贸易服务等业务的国际互联网巨头。互联网经济的出现和电商的发展改变了中国人的思想观念和消费习惯，推动了中国经济转型升级，构建了信任体系、信用体系和保障体系，为中小创业者搭建了与大企业同台竞技的平台。同时，互联网经济也倒逼出一个高效的物流行业，提升了整个社会的流通效率。阿里巴巴的崛起，是改革开放后中国经济高速发展的一个缩影。

2000

千禧年的集体婚礼。　李全举 摄

千禧年，参加集体婚礼的新郎新娘。1999 年 12 月 31 日至 2000 年 1 月 2 日，伴随着新世纪的钟声，中华全国妇女联合会联合中国妇女儿童事业发展中心、中华民族团结友好协会，举办了一场由 2000 对新婚佳偶共同参与的“迎接新世纪大型集体婚礼庆典活动”。照片中的世纪伉俪们面带微笑，以婚礼的形式迎接新千年的到来，寄托了新人们对新世纪美好生活的向往。站在新千年的门口，中国也同他们一样满怀期望地走向 21 世纪。

恭贺新禧
2000
世纪缘千
南北风味 家

乒乓球的辉煌。 Getty 供图

2000年，王楠在悉尼奥运会上夺得乒乓球女子单打冠军。夺冠一刻，她紧握拳头，兴奋不已。那一刻，不仅王楠激动，举国都为之欢呼。自中华人民共和国成立以来，乒乓球便被当作一项强身健体的运动，迅速在全国推广开来。这一推广便“一发不可收拾”。自中国在第26届世界乒乓球锦标赛上取得佳绩后，中国乒乓球运动便长盛不衰，笑傲全球。汉城奥运会获得2枚金牌，巴塞罗那奥运会3枚，亚特兰大奥运会4枚，悉尼奥运会4枚，雅典奥运会3枚，北京奥运会4枚……近40年来，中国乒乓球队一直以“梦之队”的姿态穿梭于国际乒坛，乒乓球成了中国当之无愧的“国球”。

三江源自然保护区正式成立。 李全举 摄

2000 年 8 月，三江源自然保护区举行纪念碑揭碑仪式，这标志着中国面积最大、海拔最高的自然保护区正式成立。三江源自然保护区地处青藏高原腹地、青海省南部，素有“中华水塔”的美誉，长江总水量的 25%、黄河总水量的 49%和澜沧江总水量的 15%都来自这里。然而，随着全球气候变暖和人类无节制的生产经营活动，三江源地区的生态环境严重恶化。2000 年 8 月，由江泽民主席亲笔题写碑名的“三江源自然保护区”纪念碑在通天河畔正式揭碑，三江源自然保护区由此成立。该保护区集生态环境保护、科学研究和生态旅游为一体，对长江、黄河流域人民的生产生活及社会的可持续发展产生了重大影响。

三江源自然保护区
江泽民

张健成功横渡渤海海峡。 视觉中国 供图

2000年8月，渤海海域，张健完成了一次举世瞩目的壮举——横渡渤海海峡。直线距离109公里，在人类横渡海峡的历史上，是一个前所未有的距离，张健却用50小时22分钟成功挑战了人类的生理极限，创造了男子横渡海峡最长距离的世界纪录。进入新世纪，中国人的追求也到了某种新境界，像张健一样挑战自我、成就自我的人越来越多。也正是因为有了这群敢于尝试、敢于挑战的人，中国才能昂首阔步地迈入新时代，走向更加美好的未来。

英雄探妻。 袁学军 摄

2000年，胸前挂满军功章的张良善，站在因难产而去世的亡妻坟前祭拜。他紧闭双目，泪水长流，感人至深。张良善，一名长年执行中国西藏阿里无人区运输任务的军人。他工作业绩突出、军功累累，但其内心一直有一个心结。1992年10月，在他执行任务期间，即将分娩的妻子遭遇难产，等他赶到医院时，孩子已经夭折，妻子在15天后也不幸身亡。悲痛不已的张良善对此深感愧疚，此后每逢清明等节日，他都会到墓前悼念亡妻。他的故事让无数中国人动容，这张照片也成了中国军人家国天下、重情重义的形象代表。

铁路沿线的流动小贩。 萧云集 摄

2000年，浙江金华，铁路沿线的流动小贩正向列车上的乘客出售货物。习惯了风驰电掣的高铁动车，当我们看到这张照片时，难免会怀念一下过去慢悠悠的绿皮车。当时在车上，人们可以欣赏窗外的风景，与天南海北的人闲聊家常。火车到站短暂停留时，我们还能买到沿途村民售卖的特产。随着时代的发展，中国高速动车组迅猛崛起。2007年，中国CRH品牌创立，和谐号动车组列车竣工，火车缓慢前行的时代一去不复返。

网吧。 卢北峰 摄

2000年12月，北京大学南门外西侧的飞宇网吧。这个24小时营业的网吧在当时非常火爆，尤其是双休日，附近的大学生纷纷前来上网，他们在这里查资料、写文稿、聊天、玩游戏、看新闻……简直把这里当成了自己的家。自从中国大陆在1994年引入互联网，在买不起电脑的时代，产生了一个新的公共上网场所——网吧。网吧是伴随着互联网的发展而出现的，作为新鲜事物，其一出现就大受欢迎，成为人们休闲、娱乐、学习的好去处。

zol.com.cn
中关村在线

海外高等教育登陆中国。 柴继军 摄

2000年2月26日，两个海外高等教育展览同时在北京国贸中心展览大厅开幕，一位留英学者在展会上为大家提供义务咨询。2000年2月26日至3月12日，中国首次国际高等教育巡回展在北京、西安、成都、武汉、上海举行，向往海外求学的青年人蜂拥而至。随着新世纪的到来和社会经济的发展，出国留学成了许多年轻人触手可及的梦想。中国也由此掀起了一股“海外留学热”。如今，中国累计海外留学人数已经突破400万人，年均增长率接近20%。中国正在积极地融入世界，也在以一种越来越开放包容的姿态迎接未来。

留英学者义务咨询台
Alumni-Chinese Returned Scholars
中国人在
英国学习
我在英
留学
问我

答疑解惑。 视觉中国 供图

2000 年 7 月 15 日，一场规模空前的“网上招生咨询大会”通过“中国大学生高考招生信息咨询网”举办，这是清华大学招办主任吴振一在向记者介绍有关情况。当时，清华、武大、北工大、哈工大、西安交大五所高校的招办主任和教育部高校学生司、北京市高招办、北京市体检中心的相关负责人都开始尝试通过网络为学生们答疑解惑。从此，一条权威、准确、快捷的高考信息咨询新途径诞生，无数考生借助这一途径步入理想的大学。

学生司网上招生咨

沙尘暴“进京”。 卢北峰 摄

2000年4月，北京遭遇第五次沙尘暴，外出的游客只能戴着口罩。由于北方生态环境的破坏，进入21世纪，中国的沙尘暴天气一度频发。每年冬春时节，狂风裹挟着泥沙侵入北方，一时黄沙漫天，极大地影响着人们的生活，给人们的身体也带来不小的伤害。为了对抗沙尘暴，人们纷纷行动起来，植树造林，治理沙漠，国家还在沙源区进行退耕还林、退耕还草，经过不懈的努力，最近几年，沙尘暴天气逐渐消失。而经过此事，人们也意识到保护生态和可持续性发展的重要性。

世界人民大团结万岁

2001

入世大馈赠：普利马让利2万

入世。　龚文豹 摄

2001 年 12 月下旬，亚运村汽车经销商纷纷打出“入世大馈赠”的降价标语，以此措施规避入世后，国外汽车品牌对国产汽车的冲击。2001 年 11 月 10 日（卡塔尔首都多哈当地时间），世界贸易组织（WTO）第四届部长级会议审议通过了中国加入世界贸易组织的申请。中国将从 12 月 11 日起正式成为世贸组织成员。加入世贸组织是中国对外开放的一个重要里程碑，它表明了中国政府坚持改革开放的决心和信心，大大推动了中国经济的发展。

北京申奥成功。 周可 摄

2001年7月13日，北京申奥成功，长安街上的人们击掌欢庆。当天晚上的天安门广场有数万名群众站在雨中等待最终的结果，突如其来的倾盆大雨似乎要洗去8年前的失落。大雨持续了10多分钟，人们不再掩饰心中的兴奋。几名大学生高举国旗和五环旗，率先喊出了8年的企盼——“北京必胜！”不一会儿，数千名群众迅速围成了一大圈儿，齐声高呼：“北京必胜！北京必胜！”22时10分，整个天安门广场沸腾了，数万名群众高呼：“北京赢了！”北京成为2008年第29届夏季奥林匹克运动会主办城市。

上海，APEC。 谷雨 摄

2001 年，APEC 进入中国上海。自 2001 年 6 月上海成功举办 APEC 贸易部长会议以来，上海又成功举办了一系列 APEC 会议。其中，最隆重的当属 10 月召开的 APEC 领导人非正式会议。在这次盛会上，江泽民主席发表了题为《加强合作，共同迎接新世纪的新挑战》的重要讲话，全面阐述了中国对世界和地区经济形势的看法，以及推进 APEC 合作进程的主张。与会各国领导人也就此前世界经济形势和亚太经合组织的未来发展方向交换了意见，并达成了共识。亚太经合组织成员国在经济领域上的合作又向前迈进了一步。2014 年，中国北京“APEC 蓝”，让民众喜出望外，同时也看到了中国在国际事务中不断提升的话语权，中国已从 13 年前上海 APEC 议题的参与者变成北京 APEC 议题的制定者。

热烈庆祝 2001 年 APEC 会议召开
Warm Congratulations on the
Opening of APEC Meetings 2001
For APEC 2001
APEC
PEPSI
PEPSI
PEPSI
APEC 2001

微软挺进中国。 E China Day 供图

2001年11月9日，微软（中国）有限公司在北京发布Windows XP中文版。2001年11月9日，Windows XP系统中文版中国发布会和体验展示会在奥林匹克中心体育馆举行。Windows XP中文版具有突出的中文特性，不但拥有全新的使用界面，而且加入了众多的改良技术，尤其提供了Internet连接防火墙等卓越功能，从而保护了用户的数据安全及隐私信息。进入21世纪，知识经济迅速发展，信息产业逐渐成为展现综合国力的焦点之一，是国民经济发展新的增长点。

Microsoft
Windows xp
Windows

（上页图片）

午门放歌。 王文波 摄

2001 年 6 月 23 日，帕瓦罗蒂、多明戈、卡雷拉斯三位世界顶级男高音歌唱家在紫禁城举办音乐会。在占地 4 万平方米，可容纳 3 万余名观众的午门广场上，帕瓦罗蒂、多明戈、卡雷拉斯分别演唱了众多享誉世界的经典曲目，例如《今夜无人入睡》《费德利科的悲歌》等。歌坛最具号召力的三大男高音歌唱家帕瓦罗蒂、多明戈、卡雷拉斯每个人的成就都足以代表西方歌剧艺术的精髓，而三个人的联袂演出则已成为全球范围内当代经典歌剧艺术的传奇盛会，具有极高的文化价值。这一刻，东方文化与西方艺术交相辉映，成为仲夏夜里最璀璨的有声画卷。

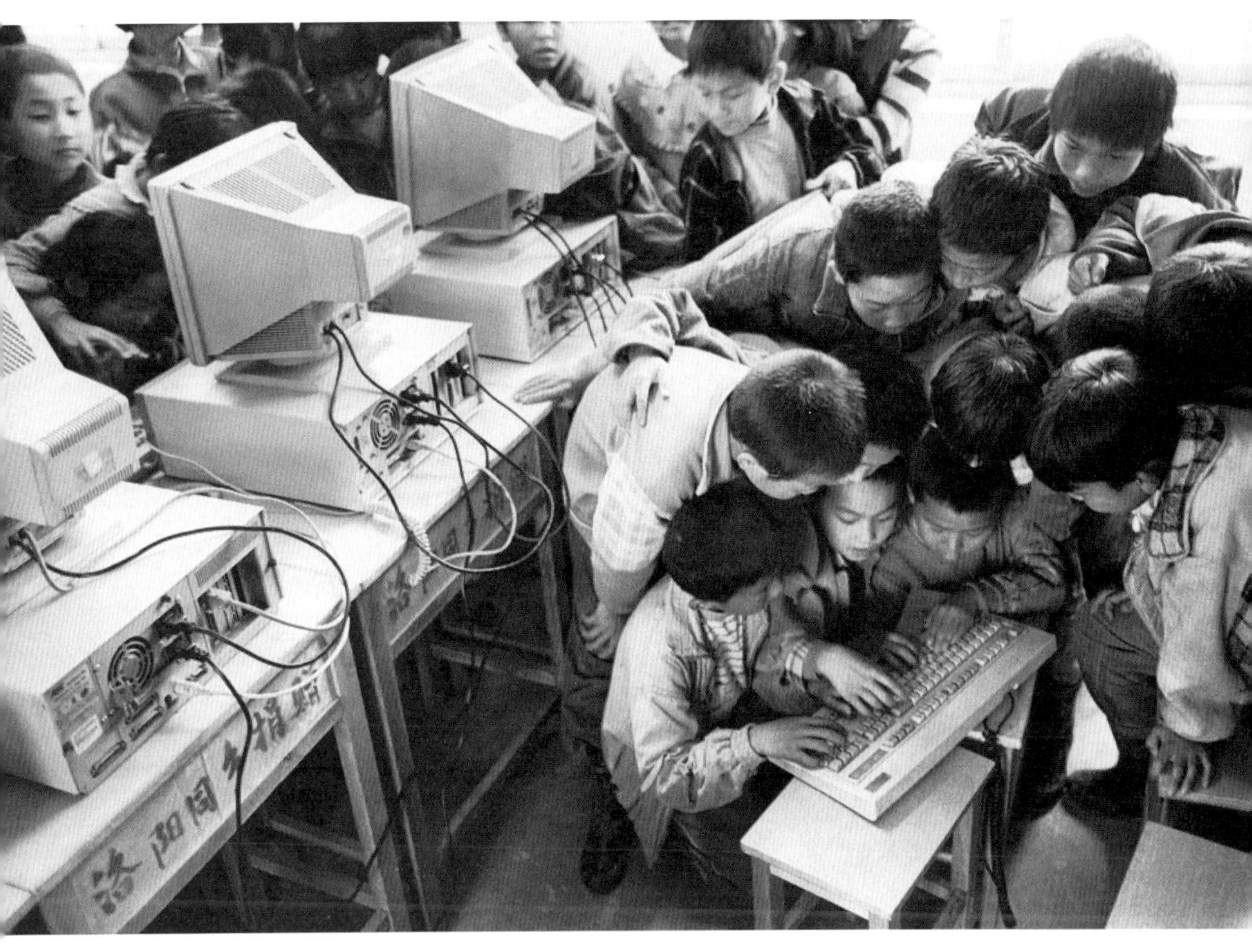

电脑进校园。 解海龙 摄

2001 年 10 月，河南省宜阳县，中国交通报社送来了旧电脑，孩子们第一次触摸键盘。伴随着电子计算机和互联网信息技术的发展，在 2000 年 10 月召开的全国中小学信息技术教育工作会议上，教育部决定从 2001 年起，用 5 到 10 年左右的时间，在全国中小学基本普及中小学信息技术教育，全面实施“校校通”工程，以信息化带动教育的现代化，努力实现基础教育跨越式发展。在这一政策推动下，全国各地尤其是农村地区的中小学也逐步建立了计算机室，使中小学生接触到了现代信息科技。

外国人体验中式传统婚礼。 罗伟 摄

2001年1月8日，中国北京的一个四合院里，举行了一场具有中国传统特色的婚礼。一对来自美国的夫妇普拉默和林德在北京西城区什刹海南官房胡同四合院里，举行了一场独具特色而又充满中国传统色彩的婚礼。这对夫妇的一位好友是美国前总统尼克松的兄弟，他曾多次向他们讲述美丽而古老的中国。他们逐渐喜欢上中国博大精深的传统文化，并产生了到中国看一看的想法。所以，当这对夫妇携手开始人生一段新的历程时，不远万里飞到中国，感受中国特有的婚俗文化，把梦中的北京作为未来新生活的“起点”。

中国足球冲出亚洲。 王文波 摄

2001年10月，球迷庆祝中国足球冲出亚洲，打进2002年韩日世界杯。从1957年第一次冲击世界杯到圆梦五里河，中国足球44年来经历了11次世界杯预选赛，终于在新世纪实现了进军世界杯的梦想。中国国家男子足球队在沈阳五里河体育场以1比0战胜阿曼队，以6战5胜1平积16分的战绩，提前两轮取得了2002年韩日世界杯的入场券，实现了几代中国人44年的世界杯梦想。尤其是主教练米卢给我们带来的“快乐足球”“飞行集训”“态度决定一切”理念，改变了我们对足球的理解。中国足球打入世界杯，是中国足球走向成熟和专业化的结果，中国社会在经济迅猛发展的同时，体育领域也不断取得傲人佳绩，正一步步从“体育大国”走向“体育强国”。

上海的 LV 广告牌。　雍和 摄

2001 年 3 月 31 日，上海南京西路放置的路易·威登广告牌。中国改革开放以来，开放领域不断拓展，经济生活异常活跃，大批国外品牌看好中国市场，陆续登陆中国。在改革开放的政策中富裕起来的中国人，购买力得到了极大提高，在满足基本生活需求后，对奢侈品的需求也在不断增长。LV 作为奢侈品的代表，不惜投入大量资金抢占中国市场，从侧面反映出中国经济实力的增强，百姓生活水平的显著提高。

OUIS VUITTON

湖南
经济电视台

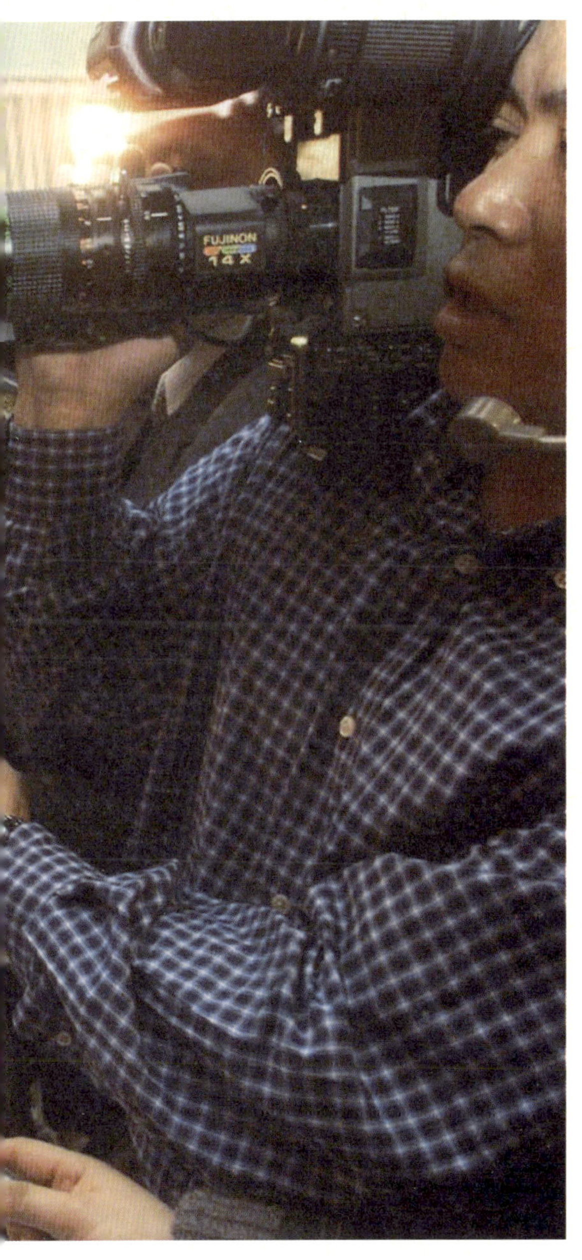

国家最高科学技术奖获得者袁隆平成为媒体关注的焦点。 张目 摄

2001年2月19日，中共中央、国务院在北京人民大会堂隆重召开国家科学技术奖励大会，授予吴文俊、袁隆平2000年度国家最高科学技术奖。国家最高科学技术奖于2000年设立，该奖项授予在当代科学技术前沿取得重大突破或者在科学技术发展中有卓越建树，在科学技术创新、科学技术成果转化和高新技术产业化中创造巨大经济效益或者社会效益的科学技术工作者，每年不超过2名。国家最高科学技术奖报请国家主席签署并颁发证书和奖金。国家最高科学技术奖奖金是500万元，450万元由获奖人自主选题用作科研经费，50万元属于个人所得奖励。该奖项是中国科技界的最高荣誉，是中国尊重知识、尊重人才、尊重创新的重要体现。

2002

民告官第一人。 萧云集 摄

2002年10月15日，“民告官第一人”包郑照老人去世。1988年，浙江温州农民包郑照以自家房子被强拆为由向法院起诉苍南县政府，由此他成为新中国历史上的民告官第一人。这场诉讼虽以包郑照败诉而告终，但他却促进了原本无法可依的“民告官”的立法。就在包郑照败诉的第二年，《中华人民共和国行政诉讼法》在七届全国人大二次会议上获得通过。这一法律的颁布，标志着中国依法治国又向前迈进了一大步，极大地推动了中国的法制建设。

基层民主选举。 郭建设 摄

2002年，贵州黔东南乡镇正在举行民主选举。2002年7月，中共中央办公厅、国务院办公厅发出《关于进一步做好村民委员会换届选举工作的通知》。这是推行村民自治以来全面规范村民委员会直接选举工作的重要文件，为进一步加强农村基层民主政治建设提供了重要政策依据。进入新世纪以来，中国越来越重视基层民主政治建设，把基层民主政治建设工作与经济建设、文化建设、社会建设、生态文明建设放在同等重要的位置，在全国各地推行开来。

投票箱

博鳌亚洲论坛举行首届年会。 艾力 摄

2002年，博鳌亚洲论坛首届年会在中国海南博鳌举行，这是在主会场举办的有关“中国入世与亚洲共同发展”议题的研讨会。随着亚洲经济的崛起和国际影响力的不断提高，需要一个真正由亚洲人主导，从亚洲的利益和观点出发，专门讨论亚洲事务，增进亚洲各国之间、亚洲与世界其他地区之间交流与合作的论坛组织。鉴于此，博鳌亚洲论坛首届年会于2002年在中国海南博鳌举行并将总部选在了海南博鳌。

orum for Asia 2002 Annual Conference
博鳌亚洲论坛2002年会
CHINA'S ENTRY INTO WTO
AND REGIONAL ECONOMIC DEVELOPMENT
中国入世与亚洲共同发展

花旗银行来中国了。 井韦 摄

2002 年 3 月 21 日 15 时，花旗银行上海浦西分行正式开业。这是中国加入世界贸易组织（WTO）以后，第一家批准在中国开业的外资银行。此后，众多外资银行纷纷在中国设置营业机构，扩大经营范围。从 1986 年中国申请重返关贸总协定以来，为复关和加入 WTO 进行了长达 15 年的努力，最终 2001 年中国正式加入 WTO。这标志着中国终于有了享受与其他世贸成员同等待遇的权利。加入 WTO 后，中国积极履行承诺，在银行、保险、证券等业务方面均实施了一系列的开放措施，逐步形成了面向所有国家和地区的普适性金融业开放制度安排。

花旗银行
花旗
24

上海磁悬浮专线首次运行。 竺钢 摄

2002年12月31日上午，上海磁悬浮专线首次试运行，这是世界上第一条商业运行的磁悬浮专线。上海磁悬浮线31日的首次运行迎来了两位贵客：中国总理朱镕基和德国总理施罗德。上海磁悬浮工程是中德两国友好合作的重要成果，在更高的层面上而言，磁悬浮项目成了中德经济合作的重要纽带。据悉，上海磁悬浮列车一次可乘坐959人，每小时可发车12列，时速可达400千米/时，作为新世纪上海交通建设的重点项目，除了是连接机场和市区的高速交通线，更是一条旅游观光线。随着社会的进步，生活节奏的加快，人们对出行工具的要求越来越高，从自行车、摩托车到私家车，再到磁悬浮、高铁，从理想到现实，从科学技术原理到商业运载工具，正是因为改革开放给了中国强大的实力与底气，才能破解一个又一个难题。

广东发展银行
SMT

中国联通 CDMA 手机开始放号。 陆云 摄

2002 年 1 月 6 日晚，南京市街头两名工人正在安装联通新的移动电话系统 CDMA 的灯箱广告。从 2001 年 5 月中国联通就开始着手 CDMA 手机网的建设，在短短 7 个多月的时间里就建成了一个全世界最大的 CDMA 网。这个手机网一期可以满足 1515 万用户的入网需求，其在全国 300 多个大中城市开通漫游，并在美国、日本、韩国等十几个国家和地区实现国际漫游。2002 年 1 月 8 日，中国联通 CDMA 手机正式放号，相比 GSM 手机，CDMA 手机芯片小、手机通话效果好、手机辐射低，极大地满足了市场需求及消费者个性化的要求，进一步丰富了中国移动通信市场。

联通新时

小浪底调水调沙试验。 涂侃 摄

2002年7月11日，黄河小浪底水利枢纽工程进行调水调沙试验，这壮观的景象引来众人观看并拍照留念。小浪底位于洛阳市北40公里，是一项治理黄河的战略性工程。它的主体工程于1994年开工，2001年底主体工程顺利完工，共用时8年，耗资400多亿元。建成后的小浪底工程总库容量为126.5亿立方米，发挥着防洪、减淤、防凌、供水、灌溉、发电等多种功能。此外，小浪底工程具有重要的调水调沙作用。2002年7月4日，小浪底水库的3个明流洞和3个排沙洞的闸门同时开启，首次进行大规模调水调沙试验。这次调水调沙试验为小浪底水库此后长期运行和下游河道减淤提供了科学的数据。此后，经过多年的调水调沙试验，中国逐步探索出了适应黄河各种水情、沙情的调度模式。

中国海军首次环球航行。 张全跃　钱晓虎 摄

2002年7月23日至26日，中国海军首次环球航行舰艇编队在访问巴西福塔莱萨的日子里，受到旅巴爱国华人华侨的热烈欢迎。2002年5月15日，人民海军青岛舰、太仓舰，从青岛港出发，开始了首次环球航行之旅。这次航行历时4个月，横跨太平洋、印度洋、大西洋，远涉亚洲、非洲、欧洲、南美洲和大洋洲，先后对10个国家进行了友好访问，总航程33000多海里，途经14个主要的海峡和运河，6次穿越赤道，创造了人民海军舰艇编队出访时间最长、航程最远、航经海域最广、访问国家最多等纪录。舰船所到之处，均受到海外华人华侨的欢迎。一位76岁的台湾同胞深有感触地说："生活在海外的华侨比任何人都更爱国。近代中国有过一段屈辱的历史，曾让中国人抬不起头来。今天看到强大的祖国派出威武的战舰进行环球航行，我倍感自豪。在海外生活了38年，我从没有像今天这样扬眉吐气。"

中国海军舰艇编
Fortaleza
国海军

姚明。 Getty 供图

2002 年 6 月 25 日，中国上海，中国篮球运动员姚明被休斯顿火箭队以状元秀身份选中，无法亲临选秀现场的姚明与父母在家中观看选秀直播。现任中国篮协主席的姚明不仅仅是中国篮球史上的标志性人物，在美国 NBA 发展史上同样是一位里程碑式的人物，他让中国球迷有足够的动力去接触他国的体育文化，激发了中国人民的自豪感。姚明在球场上的影响力非常深远，他给了美国人一个不同的视角去了解中国，为东西方的交流搭建了一座桥梁。

中国

腾讯 QQ。 姬东 摄

2002 年，深圳腾讯的马化腾团队在一起合影留念。那时，腾讯已经成立 4 年，照片上马化腾和他的伙伴们正是意气风发的年龄，满脸的笑容洋溢着他们对未来的憧憬和信心，而事实也是如此。从 1998 年 11 月成立后，腾讯走上了迅速发展的道路。经过 20 年的发展，腾讯已成为中国领先的互联网增值服务提供商之一，截至 2017 年 12 月 31 日，QQ 的月活跃账户已达到 7.83 亿，微信及 WeChat 合并后月活跃账户达 9.89 亿。这不仅深刻地影响和改变了数以亿计网民的沟通方式和生活习惯，也为中国互联网行业开创了更加广阔的应用前景。

L

2003

中国首位航天员杨利伟进入神舟五号。 秦宪安 摄

2003年10月15日，中国首位航天员杨利伟进入神舟五号载人飞船。神舟五号载人飞船是神舟系列飞船中的第五艘，是中国首次发射的载人航天飞行器。它于2003年10月15日9时发射，将航天员杨利伟送入太空，10月16日6时23分返回。中国首次载人航天飞行任务圆满成功，中国成为世界上第三个独立掌握载人航天技术的国家，标志着中国载人航天事业迈出了关键的一步。改革开放带来综合国力的显著增强，让中华民族千年的飞天愿望终于实现了，这是中华民族智慧的结晶，这不仅提高了中国在国际社会上的地位，还极大增强了中华民族的自豪感，振奋了民族精神。

抗击 SARS。 贺延光 摄

2003 年 4 月 30 日，北京地坛医院，一位重症病人因抢救无效身亡，这位医生久久地站在他的遗体前。2003 年 4 月，“非典”疫情正处在流行爆发的高峰期。突如其来的 SARS（非典型肺炎）肆虐中国，对中国的经济发展、人民的正常生活造成了极大的影响，人民群众甚至出现了不同程度的恐慌。疫情结束后，中国政府加大了公共卫生防疫的资金投入，在全国建设各级疾病预防控制中心，特别是增加了对农村地区的经费投入。此外，中国政府还公开扶植中医药行业，极大地促进了中国传统医学的发展。“非典”爆发是中华人民共和国成立以来的一次重大公共卫生安全事件，全国人民共同投入抗击“非典”的行动之中，体现了“万众一心、众志成城、团结互助、和衷共济，迎难而上、敢于胜利”的抗击“非典”精神。

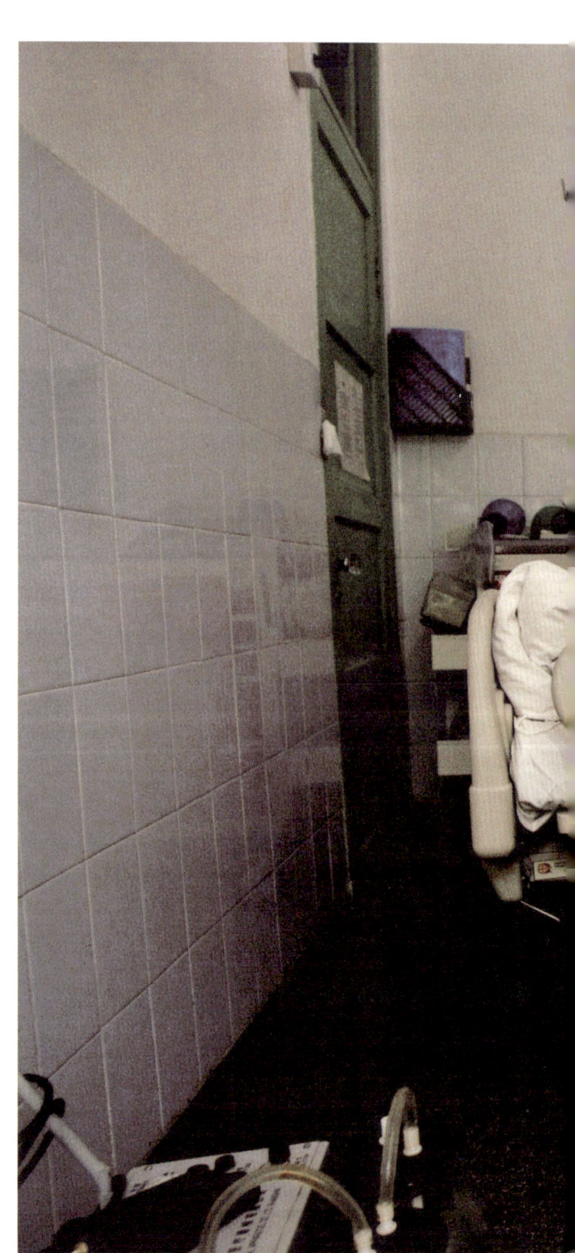

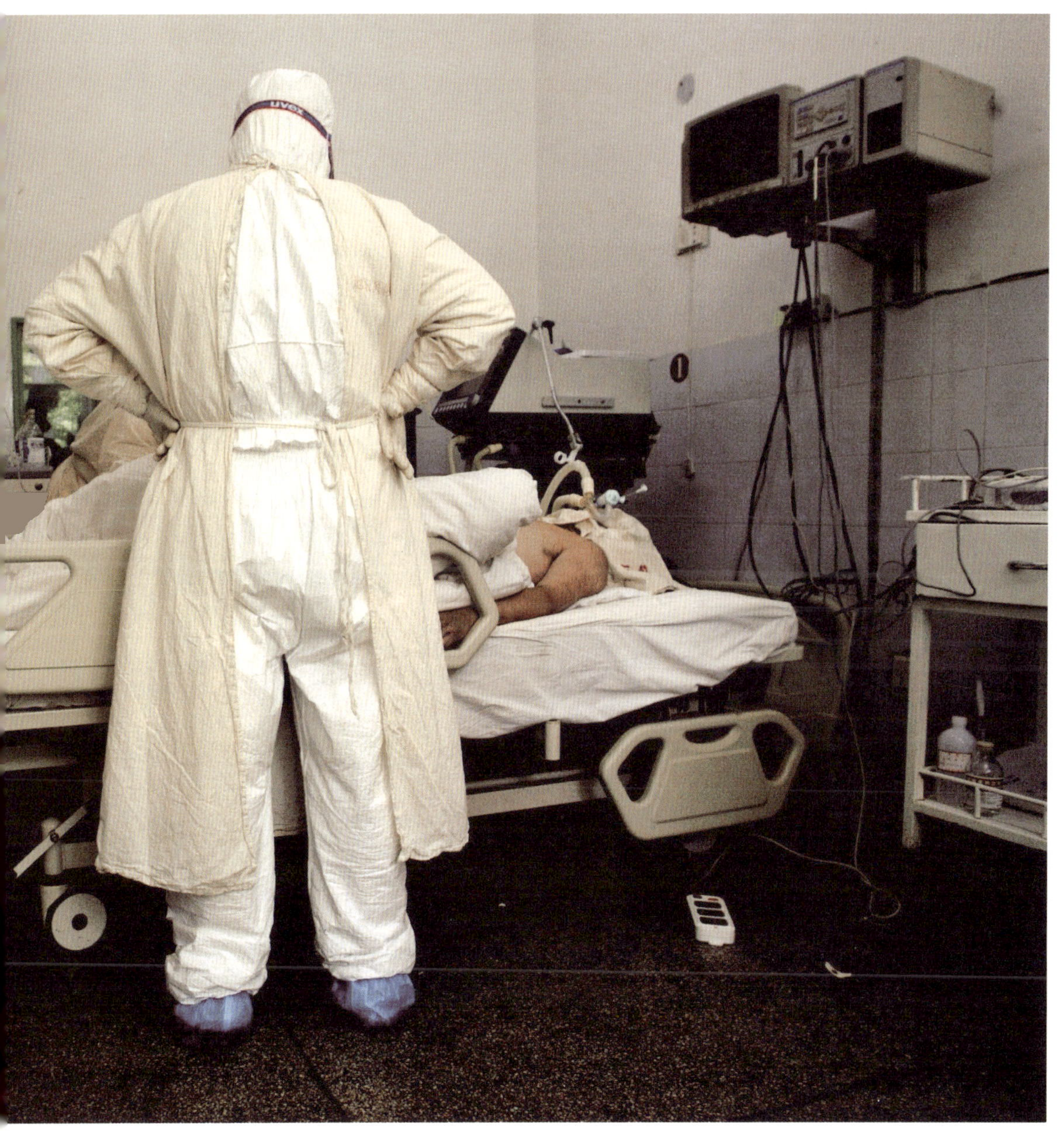
uvex

中关村最大的电子城开门迎客。 萧军 摄

2003 年 7 月 10 日，中关村最大的电子城——鼎好电子城打出“要成为中关村的地标”“鼎好圆你 IT 梦”的标语开门迎客。中关村科技园位于北京市海淀区，中关村自改革开放之初逐渐聚集了大量高精尖技术人才，诞生了众多知名的互联网企业，是中国科教智力和人才资源最为密集的区域，被称为“中国硅谷”。1988 年，国务院正式批准了以北京中关村电子一条街为基础，建立北京新技术产业开发区试验区，由此中国首个高新技术产业开发区诞生。在园区内，有关部门制定了一系列优惠政策，包括研发机构创新政策、扶持人才创业政策、高新成果产业化补助、创业投资服务、人才服务政策等。这些政策对中国高新技术的发展和创新起到了重要的示范作用。

三峡船闸试通航。 田飞 摄

2003 年 6 月 16 日，三峡永久船闸试通航。三峡船闸为双线五级连续梯级船闸，是当今世界上已建成运行的连续级数最多、总水头和级间输水水头最大的内河船闸。三峡船闸的运行，让自古凶险的川江水路变为通途。三峡水电站是世界上规模最大的水力发电站和清洁能源生产基地。三峡工程主要有三大效益，即防洪、发电和航运，其中防洪被认为是三峡工程最核心的效益。三峡工程是西部地区连接中部、东部地区的重要节点，是联动半个中国的交通命脉，对中国社会经济的可持续发展将产生积极影响。

创造精品服务一流
以人为本追求卓越

“枭龙”新型战斗机。 尹钢 摄

2003年9月3日，中国航空工业第一集团公司在成都飞机工业（集团）有限责任公司举行新闻发布会，正式宣告由中国研制的新型战斗机——枭龙/FC-1型飞机首飞成功。“枭龙”飞机从性能看，已达到第三代战斗机的综合作战效能，拥有突出的机动能力，较大的航程、留空时间和作战半径，优良的短距起降特性和较强的武器装载能力，具备较好的截击和对地攻击性，完全适应了现代战争的要求和军用飞机的市场需求。“枭龙”新型战斗机首飞成功标志着中国航空工业的设计、制造以及整机技术输出能力跃上了新的台阶，为中国航空工业参与国际市场竞争奠定了坚实的基础。

中国赴刚果（金）维和部队出征。 安全 摄

2003 年 4 月 1 日，解放军总参谋部在北京为中国赴刚果（金）维和部队举行欢送仪式。这是新世纪中国首次派出成建制部队参加联合国维和行动，也是中国精兵首次开赴万里之遥的非洲。维护世界和平，中国义不容辞。自 1990 年中国向联合国停战监督组织派遣了 5 名军事观察员后，截至 2018 年 5 月，中国已经成为联合国五个常任理事国中派出维和部队最多的国家，累计派出维和军事人员 3.5 万余人次，先后参加了 24 项联合国维和行动，被国际社会誉为“维和行动的关键因素和关键力量”。

（上页图片）

西电东送。 农如松 摄

2003年11月30日，国家西电东送重点工程——平班水电站成功实现大江截流。平班水电站是红水河第三个梯级电站，工程总投资20.73亿元，总装机容量为40.5万千瓦，年平均发电量为16.03亿千瓦时，它的建成将对西电东送工程发挥重要作用。为了解决能源资源与电力负荷分布不均衡问题，1999年，中国提出西电东送战略。从2001年至2010年，西电东送项目总投资在5265亿元以上（不包括三峡电站），在西部大开发三大标志性工程中，西电东送是投资最多、工程量最大的项目。这一工程的开展既有利于西部能源优势转化为经济优势，也对合理配置资源、优化能源结构、促进中国社会经济可持续发展起到了重要作用。

天涯哨兵。　袁学军 摄

2003年，广东湛江，驻守南沙群岛的军人在轮换上岗前与妻子、儿子吻别。南沙位于中华人民共和国版图最南端，是祖国的“南极”。南海素有“太阳海”之称，是“三高一多”的地区，即高温、高湿、高盐分、多台风，空气一捏一把水。而比恶劣生存环境更为严酷的考验还有“十关”：即用水关、饮食关、寂寞关、看信关、恐惧关、病痛关、晕船关、想家关、炎热关和忍耐关。艰苦，是南沙一个最基本的特点，不是亲身经历，既说不出来，更想象不到。从搭建草坪、油毡的第一代高脚屋，到建设铁棚子的第二代高脚屋，再到钢筋混凝土新房子，天涯哨兵几十年如一日，认真驻守弹丸孤礁，忠诚履行着保卫祖国海洋国土和海洋权益的神圣使命。

民工子女读书难。 刘蔚丹 摄

2003 年 12 月 15 日，武汉，在农民工子女就读的简陋教室内，一位老师给孩子们讲授着英语课程。随着中国经济的发展，一大批农民走出农村，来到城市务工谋生，由此形成庞大的农民工群体。在城市打工，虽然能让他们收入增加，但是随迁子女的入学却成了难题，即便是有地方上学，条件也相对简陋。为了解决这一问题，这些年各地都在积极探索对策，比如推进城乡户籍制度改革、打破城乡二元教育格局、农民工随迁子女入学政策援助等。目前，这些措施初见成效，农民工子女上学难的问题得到了一定的缓解，教学环境也有了很大的改善。

请讲普通话
QING JIANG PU TONG HUA

老百姓的“明白袋”。 胡卫国 摄

2003年6月27日，人们展示收到的“明白袋”。为进一步减轻农民负担，规范农村收费行为，中央明确提出了对现行农村税费制度进行改革，并从2001年开始，逐步在部分省市进行试点、推广。农村税费制度改革使农民得到了实惠，也调动了农民缴纳农业税的积极性。这个“明白袋”中不仅装有农民负担监督卡，还有农业税缴纳的通知单以及县里印发的《致全县农民的一封信》等。这一措施不仅巩固了农村税费制度改革的成果，而且还起到了防止农民负担反弹的作用。

蒙城县农村税费改革
明白袋

2004

PetroChina
国石油
西
上海末站
SHANGHAI TERMINAL STATION

西气东输一线工程建成投产。 张春海 摄

2004年10月，西气东输终点站上海青浦白鹤镇。西气东输最大气源地新疆克拉2井的天然气已于10月1日起开始向上海输气，10日左右，西气东输终点站上海青浦白鹤镇已全面开始使用新疆塔里木与陕北长庆两地混合的“西气”，并经过滤、调压等程序之后输往上海市区。改革开放以来，中国能源工业发展迅速，大量燃煤使大气环境不断恶化，发展清洁能源、调整能源结构势在必行。2000年2月，国务院批准启动西气东输工程，将西部地区特别是新疆塔里木盆地丰富的天然气资源向天然气稀缺的东部地区输送，7月4日西气东输全线开工。整个工程横贯中国东西部，沿线经过新疆、甘肃、宁夏、陕西、山西、河南、安徽、江苏、上海等省区市。2004年10月1日，西起新疆阿克苏、东至上海白鹤镇的一线工程建成投产。西气东输工程促进了中西部沿线地区的经济发展，缓解了东部地区的能源和环境问题，具有重要的战略意义。

发放补贴款。 张旦 摄

2004年4月27日上午，西南街村委会发放补贴款现场。从2004年开始，中央决定免征除烟叶税外的农业特产税，同时进行免征农业税改革试点工作。2004年，农业税占各项税收的比例进一步降至1%。2005年12月，十届全国人大常委会第十九次会议通过决定，自2006年1月1日起废止《农业税条例》，广大农民即将告别交“公粮”的时代。

登记处
勤俭自强
政策 促进农民增收
深化农村改革增加农业投入

清 区
移民

NIKE
03
康师傅
香菇炖鸡面

（上页图片）

三峡库区移民抵达济南。 牛月成 摄

2004年8月5日上午，第二批三峡移民共406人抵达山东济南东站，然后分别乘车到达章丘、历城、长清、平阴四个县（市）区的新家，从此在济南安家落户。8月26日12时整，三峡库区最后一批跨省外迁移民启程奔赴新家。三峡工程举世瞩目，三峡移民也受到世人关注。中国三峡库区移民搬迁任务十分艰巨，曾被国内外人士称为“世界级的难题”。对此，中央决定对三峡工程水库移民实施开发性移民方针，并制定了基本补偿原则、立足于开发的原则、工程效益共享原则、移民参与原则和后期扶持原则，以农村就地后靠、企业就业安置、自谋职业安置、政府组织外迁安置等多渠道安置方式，保证了移民搬迁的顺利进行，为三峡工程的最终完成奠定了基础。

刘翔勇夺金牌，创造历史。 视觉中国 供图

2004 年 8 月 27 日，中国选手刘翔在雅典奥运会男子 110 米栏夺冠后身披五星红旗庆祝胜利。刘翔以 12 秒 91 的成绩夺得雅典奥运会男子 110 米栏金牌，成为首个获得奥运会短跑项目金牌的中国选手。雅典奥运会是奥林匹克大家庭最大规模的一次团聚。在比赛的 16 天里，202 个国家和地区的 1 万多名运动员，参加了 28 个大项 301 个小项的比赛。中国代表团获得 32 枚金牌、17 枚银牌、14 枚铜牌、奖牌总数 63 枚，位居金牌榜第 2 位。中国代表团的优势项目大多延续辉煌，尤其可贵的是，许多落后项目取得了历史性突破，皮划艇、女子摔跤和女子网球等第一次获得金牌，女曲、拳击等项目取得了历史最好成绩。荣归故里的第 28 届夏季奥运会，在见证了百年奥运的繁荣与世界体坛新格局的诞生后，于 29 日晚在奥林匹克运动的发源地雅典闭幕。闭幕式上，来自北京的年轻人以具有浓郁民族特色的文艺表演，表达了对全世界客人的欢迎之情。

珠海航展。 钮一新 摄

2004年11月4日上午，中国空军八一飞行表演队6架飞机集体亮相珠海航展，进行了长达30分钟的空中特技表演。八一飞行表演队为第5届中国国际航空航天博览会献上了一场精彩的“空中芭蕾”。中国国际航空航天博览会是唯一由中国中央政府批准在中国境内举办的国际性专业航空航天展览。自1995年5月19日国务院决定每逢双年在珠海举行中国航展以来，该展览已成功举办了4届，并已跻身于世界五大航展之一。这次珠海航展以实物展示、贸易洽谈、学术交流和飞行表演为主要内容，是集专业性与观赏性于一体的大型国际展览。中国在这次航展上第一次公开销售导弹，向世界展示了中国装备制造业的生产能力和研发能力。

凯旋门前的中国龙。 MAXPPP 供图

2004 年 1 月 24 日，来自中国的表演者在凯旋门前舞动着中国龙。当天，7500 多名法国华侨华人和来自北京的表演团成员在巴黎最著名的香榭丽舍大街举行盛装游行，庆祝中国猴年春节及在法国举办的中国文化年，这是巴黎市政府首次允许外国社团在香榭丽舍大街组织这样大规模的庆祝活动。从 2003 年起，中法两国就开始互办文化年，通过这种形式既加深了两国文化的交流，也促使了两国关系不断升温。2004 年，胡锦涛主席同希拉克总统签署了旨在加强中法全面战略伙伴关系的联合声明。法国由此成为第一个同中国建立全面战略伙伴关系的西方大国。

中国北京全聚德集团

（上页图片）

国家大剧院。 陈澍一 摄

2004年7月28日，北京，与故宫毗邻的国家大剧院正在紧张施工。国家大剧院是后现代风格与中国传统文化的完美结合。它构建了一个超越时空又充满艺术特色的广大空间。作为国家表演艺术中心，它的诞生，是中国经济文化发展的必然产物；它的成长，是新时代文化繁荣的一个缩影，是改革开放的重大成果，是综合国力在文化领域内的体现，彰显了党和国家大力推进社会主义先进文化建设、促进社会和谐的信心和决心。

北京全聚德亚运村店开业。 赵晶 摄

2004年7月26日，北京全聚德亚运村店开业，这是该店开业后出炉的第一只烤鸭，也是全聚德集团出品的第1.15亿只烤鸭。全聚德烤鸭的历史可以追溯到1864年，这一年，清朝杨全仁沿用宫廷挂炉烤鸭技艺，创立了全聚德烤鸭店。百余年来，全聚德的发展几经波折，伴随着中华人民共和国的成立和改革开放，全聚德的发展迎来了新的契机。1993年5月，中国北京全聚德集团成立。1994年6月，由全聚德集团等6家企业发起设立了北京全聚德烤鸭股份有限公司。1999年1月18日，经国家工商局（现国家工商总局）正式认定，百年老字号全聚德荣获全国第一个服务商标中的中国驰名商标，由此服务业实现了驰名商标零的突破。自股份制公司成立后，全聚德彻底摆脱了前店后厂、师傅带徒弟式的管理模式，全聚德也借助传统文化和现代化企业管理手段，实现了老字号的历久弥新，发展成为拥有100余家成员企业，年接待近2000万名顾客的知名品牌。

沙海明珠全面干涸。　蒋生连 摄

2004年7月21日，亚洲最大的人工沙漠水库红崖山水库出现建库46年来的第一次干涸。红崖山水库位于河西走廊东北部，石羊河下游，处于腾格里和巴丹吉林两大沙漠包围中，是亚洲最大的沙漠水库，被称为沙海明珠。红崖山水库作为民勤唯一的地表水调蓄工程，承担着向民勤湖区补给水源的任务。这次干涸不仅全面反映了石羊河流域生态环境急剧恶化的现实，也在全国引起了强烈震动。正是依靠这座水库，民勤人民才能在40多年的时间里奋战风沙，顽强地阻挡沙漠的南移。民勤一旦失守，沙漠将迅速南移，将河西走廊拦腰截断。目前，红崖山水库已经启动加高扩建工程，按照计划水库清淤670万立方米，对东、西坝适当加高培厚，并且在水库周边栽植防风固沙林带1757亩。工程实施后，水库规模由中型上升至大型，水库总库容由现在的0.99亿立方米增加到1.48亿立方米，可有效提高水库调度调蓄能力，满足生产生活及生态用水需求。除了加高扩建工程，民勤县正按照“压减农业用水，节约生活用水，增加生态用水，保证工业用水”的总体要求，努力破解结构性缺水难题。现在，通过政府与百姓的共同努力，民勤的生态保护取得了极大进展。

novo联想
IBM
合 打造全球PC
combination creating a
元庆
柳传志
Chuanzhi Liu

联想收购 IBM 全球 PC 业务。 井然 摄

2004 年 12 月 8 日，联想以 12.5 亿美元正式收购 IBM 全球 PC 业务，IBM 高管史蒂芬·沃德出任联想集团 CEO，原 CEO 杨元庆接任董事长，柳传志退隐幕后。这次收购的业务为 IBM 全球的台式电脑和笔记本电脑的全部业务，包括研发、采购，新的联想集团在 5 年内有权根据有关协议使用 IBM 的品牌，并完全获得商标及相关技术。这次商业运作，名为“收购”，实为“强强联合”。收购成功后，联想成为排在戴尔和惠普公司之后的世界第三大个人电脑制造商。这项业务的收购，将使联想开辟出一个以前难以涉足的巨大国际市场空间。这次收购是中国企业响应国家“走出去”战略的重要一步，由此中国企业逐渐登上世界企业并购的舞台，参与全球性的竞争。

2005

常回家看看。 潇荷 摄

2005 年 4 月 30 日，连战一行抵达母校西安后宰门小学。连战一行是在结束了南京和北京的行程之后，来到古城西安的。西安数万名群众聚集在后宰门小学外边，打出了“常回家看看”等标语，欢迎连战一行的到来。在访问西安期间，连战一行还参观了兵马俑博物馆等著名景点。在连战访问大陆期间，实现了 60 年来中国共产党和中国国民党主要领导人的历史性握手，并举行了正式会谈。两党领导人达成并发布了“两岸和平发展共同愿景”。这一愿景推动了两岸关系向着和平稳定的方向发展，是两党共同迈出的历史性的一步。

常回家看
国共握手

农民喜领农村土地承包经营权证。 骆忠明 摄

2005年9月8日，苏北兴化市昭阳镇农民正喜领农村土地承包经营权证。至此，该市9万多户农民承包的34万亩土地领到了补发的农村土地承包经营权证。农村土地承包经营权证是农村土地承包合同生效后，国家依法确认承包方享有土地承包经营权的法律凭证。农村土地承包经营权确权登记颁证是中央做出的一项重大战略决策，有效解决了承包土地长期存在的面积不准、四至不清、空间位置不明、档案管理不规范等历史遗留问题，化解了长期以来农村积累的土地矛盾纠纷，稳定了农村土地承包关系，为落实好各项惠农政策提供了科学依据和基础条件，为实现乡村振兴打下了坚实基础。

中华人民共和国
农村土地承包经营权证
人民共和国农业部监制

神舟六号安全返回。 王琦 摄

2005 年 10 月 17 日，神舟六号安全返回，航天员费俊龙、聂海胜自行出舱。神舟六号飞船是中国第二艘搭载航天员的飞船，也是中国第一艘执行“多人飞天”任务的载人飞船。北京时间 2005 年 10 月 12 日，神舟六号在酒泉卫星发射中心发射升空，搭载费俊龙、聂海胜两名航天员绕地球飞行 115 小时 32 分钟后，于北京时间 2005 年 10 月 17 日 4 时 33 分成功降落于内蒙古四子王旗的主降落场。在中国载人航天工程发展战略中，神舟六号具有承前启后的重要意义。神舟六号载人航天飞行的圆满成功，是中国载人航天工程“三步走”战略进入第二步的重要开局。中国仅用两年时间，就实现了从神舟五号“一人一天”的航天飞行到神舟六号“多人多天”的重大跨越，标志着中国在发展载人航天技术方面又取得了一个重大胜利。

《反分裂国家法》高票通过。 Kyodo 供图

2005年3月14日，《反分裂国家法》获得高票通过，这是当时投票的结果。在十届全国人大三次会议上参加表决的2901名人大代表中，《反分裂国家法》以赞成2896票、弃权2票的结果，高票通过。当全国人大常委会委员长吴邦国宣布法律通过时，会场响起经久不息的掌声。《反分裂国家法》表明了中国人民维护国家主权和领土完整，绝不允许“台独”分裂势力以任何名义、任何方式把台湾从中国分裂出去的共同意志和坚定决心，充分体现了我们以最大的诚意、尽最大的努力争取和平统一的一贯主张，具有重大的现实作用和深远的历史影响。这一法律的实施将为反对和遏制“台独”分裂势力分裂国家、促进祖国和平统一提供法律保障。

赞成 2896 票
反对 0 票
弃权 2 票
有 3人未按表决器
出口
EXIT

选票送上田头。 李爱民 摄

2005 年 4 月 20 日，湖南省邵阳县第六届村民委员会换届选举全面展开，选票送上田头时，下花桥镇乐安村农民刘建楚亲自填写选票。与往届不同的是，这次全县村干部大量精减，一般每个村只设三个村干部，绝大多数村的村支书、村主任由一人担任。干部减少，谁来当自己信任的当家人成为村民关注的大事，选举慎之又慎，托人代选的现象不再出现。一些在外务工的选民也不负使命，回家行使自己的选举权利，投上神圣的一票。

投票

“艺考热”持续升温。 钟启钢 摄

2005年2月27日，大连理工大学艺术类招生专业课考试的第一天。2月27日，大连理工大学艺术类招生专业课考试开考，662名考生挤在林立的画架后面，为实现艺术的梦想而奋斗着。随着中国社会经济发展水平的提高，人们对文化艺术的要求也在稳步提高，社会对各类艺术人才的需求也在不断增加。每年12月到次年1月，各大艺术学院都会聚集来自全国各地的艺考生，他们在这里展示自我、比拼才艺，以此获取通往高校的通行证。为了提高“命中率”，很多考生都采取“广种薄收”的策略，少则报考三四所院校，多的八九所。考试的过程虽然十分曲折且花费不菲，但因为艺考考试院校具有相对较大的自主权，且就业前景好，还是被视为通往大学的“捷径”，热度有增无减。

21—9

“千手观音”轰动羊城。 吴万生 摄

2005 年 3 月，在广州中山纪念堂，来自中国残疾人艺术团的 21 名聋哑舞者正在表演舞蹈“千手观音”。这是继 2004 年雅典残奥会闭幕式和 2005 年中央电视台春节联欢晚会之后，舞蹈“千手观音”的再次上演。照片捕捉了这 42 条手臂精准变幻的瞬间。这 21 名舞者所创造出的完美艺术，让无数人为之动容，它在展现艺术魅力的同时，也向世界展现着中国人的生生不息、顽强不屈和至善至美。

摆渡。 徐国康 摄

2005 年，安徽省金寨县江店镇马店村道龙小学，方茂荣夫妇每天都要摆渡接送上学、放学的孩子。1 个老师、19 个学生，从 16 岁开始，方茂荣老师已经在这儿待了 33 年。响洪甸水库的岸边，道龙小学就在离岸边大约 500 米的小山头上。由于深处大别山中，这里显得非常宁静，手机都没有信号。1972 年 9 月，16 岁的方茂荣刚刚读完高一，在嫁给军人田克道后，便当起了民办教师，一直到 1990 年才转为公办教师。丈夫退伍后，开始安排在县城上班，但没几年硬是被方茂荣缠回了家，因为学生们每天要过河上学，需要人摆渡。让方茂荣欣慰的是，因为她的努力，这里十多年来没有一个孩子辍学，山村里少了许多文盲。方茂荣说：“在哪教书都一样，虽然这里条件苦些，但只要孩子们能够读书有出息，我也就心满意足了。”

电荒。 王东 摄

2005 年 1 月 10 日，由于用电紧张，南昌市有关部门只能采取错峰限电措施，这是一处集贸市场在烛光中进行交易的场景。随着中国经济的发展和产业结构的调整，对电力的需求越来越大，加之电力资源分布不均，导致一些城市出现电荒，特别是一些东部沿海城市不得不采取限电措施，这严重妨碍了中国经济的发展。为了解决这个难题，中国一方面实施西电东送工程，另一方面大力开发太阳能、风能、生物能等可再生能源。经过不懈努力，电荒得到了有效缓解，这也为经济的快速发展奠定了基础。

城中村改造。 丁玎 摄

2005 年 5 月 22 日，广东省深圳市渔农村成功爆破，“中国第一爆”拉开了中国城中村改造的序幕。当日，渔农村总面积为 5.1 万平方米的楼房爆破完成。这次爆破工程的成功，标志着深圳城中村改造进入了实质性阶段。渔农村位于深圳市福田区南部，东邻著名的皇岗口岸，与香港相连，是福田区距香港最近的一个村。由于其面对香港，与香港的联系非常紧密，经济文化交流也十分频繁，这也促使其成为深圳城中村改造的第一站。改造后的渔农村焕然一新，基础设施得到整体提升。村民的收入也跨上了一个更高的台阶，因此这次城中村改造得到了村民的一致拥护。

浩丰达爆破

2006

感谢共 党免征农业税

废除农业税。 游泳 摄

2006年5月27日，江西上高县农民庆祝免征农业税。农业税是国家对一切从事农业生产、有农业收入的单位和个人征收的一种税，俗称“公粮”。作为政府解决“三农”问题的重要举措，停止征收农业税不仅减少了农民的负担，增加了农民的收入，而且还体现了现代税收中的“公平”原则，同时还符合“工业反哺农业”的趋势。它成为增加农民收入、加快新农村建设、消除城乡差别的重要环节，是改革开放带来的一项巨大成果。从1992年开始，中国正式对农业体制进行改革，2006年废除了延续两千年的农业税，标志着中国进入改革开放转型新时期。

天路通了。 原瑞伦 摄

2006年7月1日，青藏铁路全线通车运营，一位藏族旅客抚摸着拉萨站首发的“拉萨至兰州”列车。青藏铁路东起青海西宁，西至西藏拉萨，全长1956公里，是世界上海拔最高、线路最长、穿越冻土里程最长的高原铁路。它是一条“团结线”“幸福线”“生命线”，是沟通东西部的战略通道。它从20世纪50年代开始设计、修建，到2006年建成通车，青藏铁路的建设走过了近半个世纪的历程。青藏铁路必将推动青海、西藏的经济发展，改善当地人的生活，对东西部发展差距的缩小也将起到重要作用。

CHINA-AFRICA
CHINE-AFRIQUE
FORUM
中非合作论坛

2006年中非合作论坛北京峰会举行。 任峰涛 摄

2006年11月4日，为期6天的中非合作论坛正在安静祥和的气氛中举行，10米高的标志性会标屹立在天安门广场上。20世纪90年代，国际形势发生深刻变化，和平与发展成为时代主题。在此大背景下，中非合作论坛于2000年应运而生，每3年举行一届。在“友谊、和平、合作、发展”的主题下，2006北京峰会通过《中非合作论坛北京峰会宣言》和《中非合作论坛——北京行动计划（2007至2009年）》两个成果文件，确立了中非新型战略伙伴关系，为新时期的中非关系指明了前进方向。本次峰会深入拓展中非经济领域和社会发展领域的合作，为加强南南合作、促进世界和平与发展做出重要贡献。

100
100

（上页图片）

第 100 届广交会开幕。 曾强 摄

2006 年 10 月 15 日晚，第 100 届广交会开幕式暨庆祝大会在广东省广州市琶洲会展中心北广场举行，并进行了盛大的烟花表演。广交会被称为中国对外开放的窗口，是中国对外开放的缩影和标志。广交会的举办，是中国对外开放迈出的重要一步。广交会半个世纪的发展历程，反映了中国对外开放的历史，展示了改革开放以来对外贸易的新发展和新成就，表明中国对外开放的道路越走越宽广。

大学生男保姆京城“试水”。 谢贺 摄

2006年1月9日，利用假期来北京从事家政服务的一名大二男学生。1月9日上午，河北工业职业技术学院现代家政艺术专业的4名男生走进北京雇主的家门。从那天开始，他们将以“保姆”的身份开始自己为期两个月的职业保姆生活。这是被称作“高知保姆”的他们第一次在大学寒假以“实操”手段检验自己的两年所学。据介绍，北京严格意义上从事家政工作的保姆有15万到20万人。即便如此，北京保姆市场每年还有5万左右的用人缺口。大专“保姆”此次进京的意义不仅仅是北京家政市场又多了二十几个高学历“保姆”这么简单。这些专业而又质朴的河北小伙的最终命运，才是考验家政行业和年轻人创业理念转变的小测验。

初露端倪的人口老龄化。 杨凯 摄

2006 年 3 月 29 日，一个孩子在给过生日的老人喂生日蛋糕。当日，东莞市光明小学 60 多名可爱的孩子来到东城敬老院慰问老人。孩子们不仅表演了丰富多彩的节目，还给老人们带来了礼品。人口老龄化又称人口高龄化、人口老化，是老年人口在总人口中比例增大的状态和趋势。改革开放 40 年以来，中国人口增长速度和年龄结构发生了深刻变化，不断提高的人口预期寿命和持续的低生育水平反映了中国人民生活水平的提高，同时也加速了中国人口老龄化的进程。面对不可逆转的“银发浪潮”，如何把尊老敬老的传统一贯至今，如何拓展和改善养老事业，不仅仅关乎道德与伦理，还关系到经济与社会的良性发展。

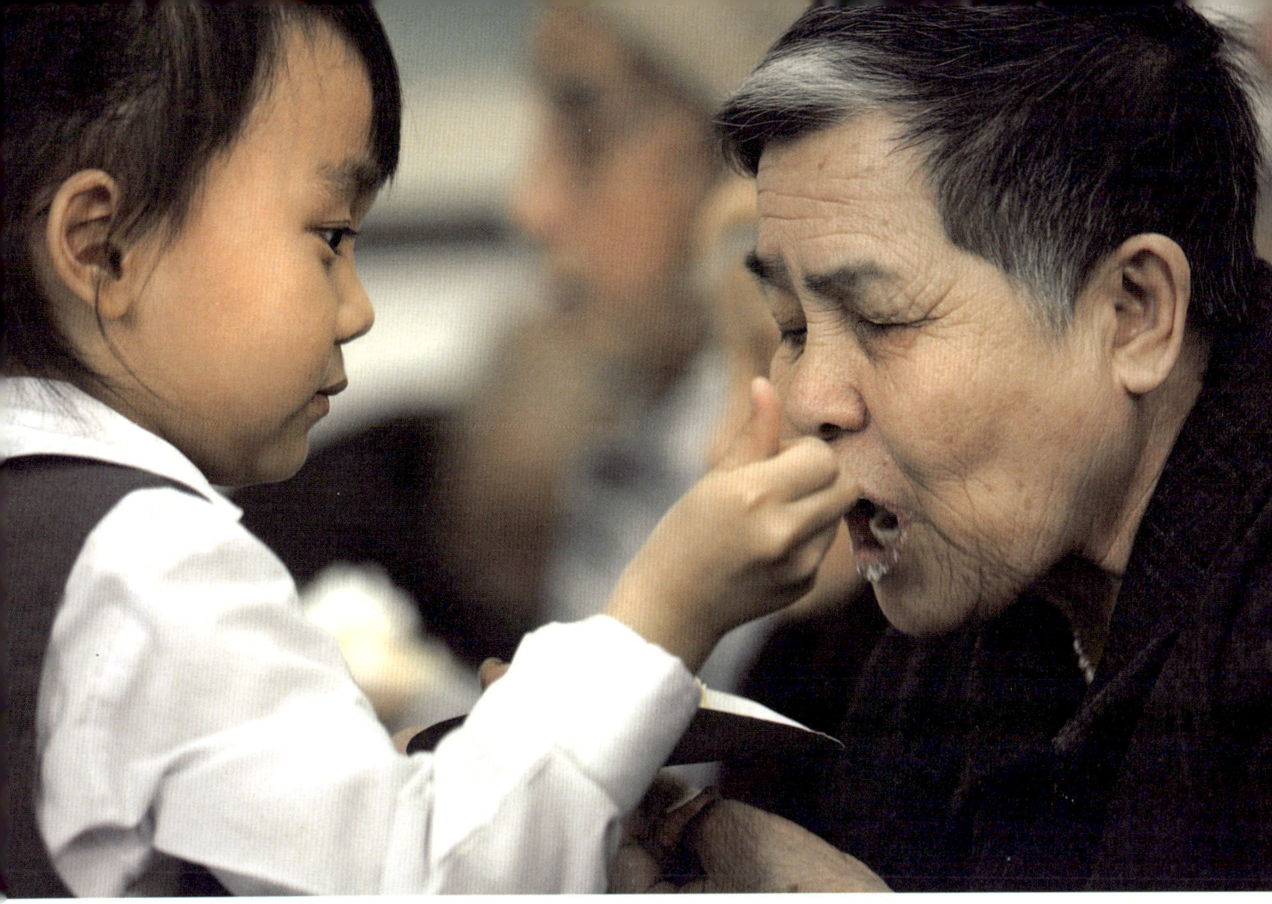

亚洲最长的陆地隧道开通。 党运 摄

2006年，甘肃省天祝藏族自治县的乌鞘岭隧道建成通车。乌鞘岭位于甘肃省河西走廊祁连山脉东麓，地势险要，是兰新铁路必经之地。2003年3月30日，随着兰新铁路兰州西至武威南增建的二线铁路正式开工，乌鞘岭特长隧道工程成为实现亚欧大陆桥连云港至乌鲁木齐3651公里间双线运输的控制工程，堪称中国铁路跨越式发展的标志性工程，也是全国铁路第六次大提速的关键性工程。这一隧道的开通与原有铁路线形成双线运输条件，极大地缓解了亚欧大陆桥客货运输压力，对加快中国西部地区的基础设施建设、促进西部地区与中部地区的物资交流以及沿线国民经济发展、民族安定团结等都将产生重要作用。

热烈祝贺
乌鞘岭隧道上行线开通
兰西机务段
岭隧道右线
线
兰局西段

“哥德堡号”访问广州

（上页图片）

“哥德堡号”访华。 郭长荣 摄

2006 年 7 月 18 日上午，广东省广州市南沙码头欢迎“哥德堡号”的盛况。“哥德堡号”是欧洲大航海时代瑞典著名的远洋商船，曾 3 次远航中国，见证了“古代海上丝绸之路”的兴盛。7 月 18 日，重建的仿古船“哥德堡号”抵达广州。时隔 261 年重返广州，这艘满载着瑞典人智慧和勇气的仿古船，也在向世人表明，中华民族正在走向世界舞台的中心。在蓝色的海洋上，中华民族已经扬帆起航。

罗布泊探险。 吕文正 摄

2006年4月16日，中科院新疆分院党组书记傅春利展示彭加木的照片。2006年，中国罗布泊探险队经过9个小时的路程，穿过沙漠和戈壁，终于抵达彭加木的失踪地——库木库都克谷地。1980年，中国科学院的彭加木等人组建了中国罗布泊科学考察队，对罗布泊进行为期2个月的考察。当年，著名科学家彭加木的牺牲，进一步推动了中国学者对罗布泊的探索。中国科学家在异常艰苦的条件下，以对科学事业的献身精神，努力揭开了罗布泊的地理特征、环境变化、人类文明失落之谜，使中国人掌握了在罗布泊研究上的发言权，为罗布泊和新疆未来的发展奠定了良好基础。

“抱抱团”，用拥抱拒绝冷漠。 伏志勇 摄

2006 年 10 月 29 日，长沙一群年轻人自发组成“抱抱团”，与陌生人热烈拥抱。这次活动的发起人是一名叫才子豪的广告从业人员，他发起这次活动的目的是“让那些原本擦肩而过的人们，因为这样的活动影响，开始对素不相识的陌生人真心微笑”，以此向日益冷漠的人心说“不”，倡导一种人文关怀。城市化快速推进，经济高速发展，人口快速流动，而人际关系越来越陌生甚至冷漠，这逐渐改变了中国长期以来形成的熟人社会形态。“抱抱团”在国内多个城市的存在，正反映了人们在城市生活中对和谐温暖关系的渴望。

抱抱
拥有陌生人的美好
拒绝冷漠

2007

红船旁的宣誓。 邵全海　盛建生 摄

2007年10月15日上午，在党的十七大召开之际，中共浙江嘉兴市余新镇党委组织20多名预备党员来到南湖红船旁，举行庄严的入党宣誓仪式，以此来庆祝十七大的召开。1921年，在嘉兴南湖上召开的中共一大，正式宣告中国共产党成立。习近平总书记曾于2005年6月21日，在《光明日报》发表署名文章《弘扬"红船精神"，走在时代前列》，首次公开提出"红船精神"的概念，认为开天辟地、敢为人先的首创精神，坚定理想、百折不挠的奋斗精神，立党为公、忠诚为民的奉献精神，是中国革命精神之源，也是"红船精神"的深刻内涵。

热烈庆祝中国共产党第十七次代表大会胜利召开

（上页图片）

敬礼。 李刚 摄

2007 年 7 月 17 日，一位小朋友在建军 80 周年的主题宣传画前行军礼并拍照留念。为纪念中国人民解放军建军 80 周年，正在军事博物馆举办的大型主题展览《我们的队伍向太阳——新中国成立以来国防和军队建设成就展》，正式免费向市民开放。1927 年 8 月 1 日，中国共产党领导的南昌起义爆发，打响了武装反对国民党反动派统治的第一枪，这是人民军队的起点，标志着中国共产党独立领导武装斗争的开始。自此，人民军队走过了 80 年的辉煌历程。80 年来，在党的领导下，人民军队为了中华民族和中国人民的根本利益，前仆后继，英勇奋战，为民族独立和国家富强建立了不朽功勋。

南水北调大水管。 《法制晚报》 供图

2007 年 1 月 10 日下午，在北京房山区长沟镇南正村附近的道路上，一辆货车装载的超大直径水泥管格外引人瞩目。这个水管是南水北调工程北京段供水用的特制水泥管，直径 5 米，长 6 米，管道壁厚度 0.4 米，重约 60 吨。南水北调是以长江水北调为主要目标，以解决华北、西北干旱为重点，实现长江、淮河、黄河、海河流域联结为统一水利系统的水利工程。南水北调工程共有东、中、西三条调水线路，通过三条调水线路，将长江、黄河、淮河和海河四大水系相连，构成“四横三纵”的总体布局。这项工程是实现中国水资源南北调配、东西互济的重要举措，较大地改善了北方地区的供水紧张状态，增加了水资源承载能力，提高了水资源的使用效率。

和谐号。 张海峰 摄

2007年4月15日，一列开往杭州的和谐号上坐满了乘客。和谐号即CRH动车组，采用流线型设计，由8辆车组成，其中5辆动力车、3辆拖车。4月18日，全国铁路实施第六次大面积提速和新的列车运行图，同时，将首次在铁路既有线路上通行时速200公里动车组列车。本次大提速在速度目标值、技术含量、提速规模和范围上都将超过前五次，标志着中国铁路既有线路提速水平跻身世界先进行列。和谐号动车组是中国铁路全面实施自主创新战略取得的重大成果，和谐号的研制成功使中国的客运装备达到了世界先进水平。

谐号

嫦娥奔月。 胡志强 摄

2007 年 10 月 24 日 18 时 05 分，在中国西昌卫星发射中心，中国发射了首枚探月卫星——嫦娥一号。嫦娥一号是中国载人登月工程的第一步，主要任务是获取月球表面三维立体影像，分析月球表面有用元素含量和物质类型的分布特点，探测月壤厚度以及地球至月亮之间的空间环境。嫦娥一号卫星首次绕月探测的圆满成功，表明中国已经初步掌握深空探测能力，使中国成为世界上为数不多的具有深空探测能力的国家。中国探月工程的启动对提高国防实力，促进经济发展，提升民族自豪感具有重要意义。

央视新大楼。 王文澜 摄

2007年，北京国贸CBD商圈，在建的中央电视台新大楼下，建设者们正在吃午餐。中央电视台总部大楼由世界著名建筑设计师雷姆·库哈斯担任主建筑师，荷兰大都会建筑事务所负责设计。央视新大楼外面由大面积玻璃窗与菱形钢网格结合而成，由于其新奇的设计、前卫的造型，获得全球最佳高层建筑奖。作为跨进新时代的标志性建筑，这个设计代表了一种精神，这种精神也正是中国在新时期展现出来的不惧权威、敢于尝试、高度自信的精神。

中建三
集团

村民直接选举村委会干部是党的群

直选。 许丛军 摄

2007年9月15日，江苏省海门市正余镇正基村首次以“无候选人一次性直接选举”的方式选出了村民满意的村干部，标志着江苏省第八届村委会换届选举工作进入了新阶段。“无候选人一次性直接选举”，是由选民根据任职条件直接报名，由村民选举委员会审查资格后确定为竞选人，减少了过去提名候选人的传统程序。经过试点之后，江苏南通市大力推行“无候选人一次性直接选举”，这一直选方式适应了社会发展的新要求，是一项利国利民的创新举措。

喜马拉雅山上的小学。 张学军 摄

2007年9月22日，西藏自治区浪卡子县普玛江塘乡完小的学生们午饭后在操场上活动。西藏普玛江塘乡气候条件十分恶劣，大风暴雨、积雪成灾等现象时有发生，校长云丹用了一个形象的说法“风大得一年需要4面国旗才能坚持下来”。云丹所在的学校，浪卡子县普玛江塘乡完小位于喜马拉雅山北麓，海拔高达5573米，被称为“世界第三极”，这是世界上海拔最高的学校。喜马拉雅山被誉为世界屋脊，在世界屋脊上教书的教师，可谓是中国中小学教师队伍中的“脊梁”，在这里读书的孩子，求学辛苦，却仍像雪域高原上盛开的雪莲花一样，傲霜斗雪。

（上页图片）

施工中的"鸟巢"。 刘剑锋 供图

2007 年 6 月 7 日，工人正在北京奥运会主会场"鸟巢"内场施工。2007 年 6 月，北京奥运会主会场——国家体育场（鸟巢）"碗"状看台全部安装完成，工人们在为人工河"注水"。国家体育场（鸟巢）位于北京奥林匹克公园中心区南部，于 2003 年 12 月 24 日开工建设，2008 年 3 月完工，总造价近 22.67 亿元，总占地面积近 21 公顷，场内观众座位 9 万多个。盘根错节的体育场立面与几何体的建筑基座合二为一，如同树和树根组成了一个体量庞大的建筑编织体，其形态如同孕育生命的"巢"和摇篮，寄托着人类对未来的希望。它是 2008 年北京奥运会独一无二而又史无前例的地标性建筑，是中国向世界展示大国形象的重要窗口。

“留守儿童”开博客与父母沟通。 邱海鹰 摄

2007年12月13日中午，四川省广安市的“留守儿童”利用课余时间，用博客给在外地务工的爸爸妈妈留言。伴随着社会经济的快速发展，地域发展的不平衡性，势必造成劳动大军的迁移，由此产生了一个特殊的群体：留守儿童。这些儿童长期不在父母身边，多与爷爷奶奶等长辈一起生活。例如广安市华蓥蓝艺民工子弟学校就是一所专为华蓥山区“留守儿童”和民工子弟开设的学校。该校立足于“留守儿童”的现实情况，为了便于远在他乡的父母及时了解孩子的学习、生活情况，也方便这些孩子与远在他乡的父母“零距离”沟通，于10月下旬专门开通博客，把每个学生在校的情况和照片挂在网上，让父母和孩子们实现了随时随地的互动交流。这一举措得到了家长和孩子的认同和欢迎。

2008

谢谢你，中国！　李景录 摄

2008年8月23日，国家游泳中心，08奥运花样游泳女子团体赛自由自选比赛入场时，美国队打着“谢谢你，中国！”的标语向观众致意。在北京奥运会上，中国体育代表团共计639名运动员参加了28个大项、262个小项的比赛，共获得51枚金牌、21枚银牌、28枚铜牌，奖牌总数100枚，获金牌数首次超越美国，位列奥运会金牌榜第一、奖牌榜第二。这是中国参加奥运会历史上的最好成绩，创造了中国竞技体育新的辉煌。本次奥运会加强了不同地域、不同文明之间的交流，更促进了世界对中国的认识。新北京，新奥运。经过奥运洗礼后的中国人，将以更加自信、开放的姿态，为全面建设小康社会、实现民族伟大复兴而努力奋斗。

中国！
U , CHINA!
USA
speedo

农民工首次当选全国人大代表。 于文国 摄

2008 年 3 月 12 日，在全国“两会”期间，3 位农民工全国人大代表，来到全国总工会农民工维权办公室考察。时值改革开放 30 年之际，根据修改后的选举法，全国人大代表应当具有广泛的代表性，应当有适当数量的基层代表，特别是工人、农民和知识分子代表。据此，2008 年选举产生的十一届全国人大代表中，出现了农民工代表。农民工当选为全国人大代表，这在历史上是第一次。农民工是改革开放和工业化、城市化进程中出现的新型劳动大军，他们对社会经济尤其是城市的建设起到了重要作用，这个群体的“政治崛起”标志着其在国家政治层面得到了广泛承认。让每一个阶层和利益群体都有自己的利益代表，使其利益都受到法律保护，这虽是民主政治的一小步，但这却谱写了中国改革篇章中十分光辉的一页，在中国民主政治建设中具有里程碑的意义。

“新土改”。 陈明 摄

2008 年 11 月 14 日，安徽省首家农村土地流转交易中心在“大包干”发源地凤阳县挂牌成立。2008 年 10 月，中共十七届三中全会通过了《中共中央关于推进农村改革发展若干重大问题的决定》。时隔 30 年，这一次“三中全会”再次引起全国乃至世界的高度关注。30 年前，安徽小岗村的 18 位村民冒着风险实行了联产承包，小岗村由此成为中国农村改革的发源地。30 年后，“新土改”再次来到小岗人面前。这次“新土改”允许农民以转包、出租、互换、转让、股份合作等形式流转土地承包经营权，发展多种形式的适度规模经营。从“联产承包”到“土地流转”，不同的历史境遇让中国做出不同的历史选择，然而，每一次选择都基于现实的需要。

凤阳县农村土地流转交易中

汶川地震。 杨卫华 摄

2008 年 5 月 13 日，四川绵阳北川，从废墟中被营救出来的 3 岁儿童郎铮向解放军叔叔敬礼。2008 年 5 月 12 日 14 时 28 分，中国发生了震惊全世界的四川汶川特大地震灾害，这也是中华人民共和国成立以来破坏性最强、波及范围最广、救灾难度最大的一次地震，余震 3 万多次，涉及四川、甘肃、陕西、重庆等 10 个省区市，受灾群众 4625 万多人，造成 69227 名同胞遇难、17923 名同胞失踪，直接经济损失 8451 亿多元。地震发生后，我们也经受住了这场灾害对中国人民意志、勇气、力量的严峻考验。在党中央、国务院和中央军委坚强领导下，全党全军全国各族人民众志成城、迎难而上，迅速展开气壮山河的抗震救灾工作，奋勇夺取抗震救灾斗争重大胜利，谱写了一曲感天动地的英雄凯歌。

首次太空漫步。 沙田 摄

2008 年 9 月 25 日 21 时 10 分，长征二号 F 型运载火箭点火，神舟七号飞船在酒泉卫星发射中心升空。三名航天员翟志刚、刘伯明、景海鹏顺利升空。9 月 27 日 16 时 41 分，航天员翟志刚进行了中国首次太空漫步，虽然行走的时间和距离都不长，但却是中国航天事业的一次重大飞跃，中国随之成为世界上第三个独立掌握空间出舱技术的国家。翟志刚的“一小步”，是中国航天事业发展史上的“一大步”。神舟七号发射成功，标志着中国载人航天工程“三步走战略”的第二步取得突破性进展。神舟七号以其令人振奋的卓越表现，再次向世界展示了改革开放以来中国在科技方面取得的巨大成就和自主创新能力。

两岸直航。 尹恩彪 摄

2008 年 12 月 20 日 8 点，海口美兰国际机场，举行两岸直接通航首发仪式。当日，上百名乘客亲历了这一具有纪念意义的时刻。海口美兰国际机场开通直飞祖国宝岛台湾的航线，标志着琼台两岛正式实现直接通航，为两岸关系的发展翻开了新的一页。此次通航是继两岸开通北京—台北常态化航班之后又一历史性的进程，所开通的海口飞往台北的航班只需要 2 个小时，取消了以往经停香港和澳门的方式，从而真正地实现了“两地一日生活圈”。

海南航空 Hainan Airlines
两岸直接通航（海口）首发
省新闻赴台交流团祝海口——台北直接通航

跨省新农合实现互通。 欧阳晓菲 摄

2008 年 3 月 27 日，北京，新农合定点医院挂牌。北京市羊坊店医院和朝阳区第二医院正式成为四川省新农合在京定点医院。跨省新农合医保首次实现互通，使外埠参合农民在京享受到首都的医保服务。从此，川籍在京参合农民到这两家医院就诊时，能够享受到与当地群众同等的医疗服务和四川省的新农合医疗补偿政策。这是省际医疗保险账户无障碍流转的探索之举。这种异地合作需要遵循双方意愿，北京市卫生局有意将此模式进行推广，与更多的省份进行合作，增加省际新农合医院的数量，让更多群众共享改革发展的成果。

型农村合作医疗
定点医疗机构

新娘在那
后来啊
乡愁是一方
母亲在里头
而现在
乡愁是一湾浅浅的海峡

乡愁。 泱波 摄

2008 年 10 月 7 日，余光中在母校南京五中（原青年会中学）与校友们交流。余光中，1928 年出生于南京，祖籍福建永春，是当代诗坛健将、散文重镇、优秀翻译家，代表作有《乡愁》《白玉苦瓜》等。一首《乡愁》在全球华人世界引发强烈共鸣，他的作品具有深厚的民族情感，将两岸人民的心联结起来，维系了中国人共同的文化基因。乡愁，是一种国家情怀，家是个人的放大，国又是家的聚合和升华。实现祖国统一，事关民族尊严和国家利益，是中华儿女的共同愿望，是中华民族的根本利益所在。

廉租住房试点。 范筱明 摄

2008 年 10 月 19 日上午，上海正在实施廉租住房实物配租试点项目。上海徐汇区相关部门组织了首批 21 户廉租住房实物配租申请家庭的摇号活动。通过摇号，产生申请家庭的选房顺序。摇号结果将对外公布，接受公众监督。现房配租是上海市推出的一项新型的廉租住房政策，享受这一政策的居民是按市场价租用政府提供的房子并同时享受租金补贴。廉租住房主要解决低收入家庭的住房困难。本次在徐汇区进行的廉租住房实物配租试点工作，结合实际、大胆探索，锐意创新，其成果将为全国范围内推行廉租住房实物配租的工作提供有益的借鉴。

高塔破冰。 吴江 摄

2008年2月1日，数名电力工人正在铁塔上破冰。数十名电力工人冒着冻雨和大雾抢修湖南浏阳蕉溪岭的电力设施。大风夹杂着雨水和冰晶打在抢险队员的身上，几分钟后，衣服表面便结了冰，如同一层盔甲。受“拉尼娜”现象及异常大气环流影响，这场雪灾使中国农作物大面积歉收，部分省市电网瘫痪，京广大动脉一度中断，人们的生产生活受到极大影响。

2009

（上页图片）

空警 -2000 预警机首次亮相 60 周年国庆阅兵。 于文国 摄

2009 年 10 月 1 日，首都各界庆祝中华人民共和国成立 60 周年大会在北京举行。中国的空警 -2000 预警机首次亮相。60 周年国庆阅兵是 1999 年至 2009 年十年来中国军队信息化建设成就的集中展示。自 20 世纪 90 年代以来，中国人民解放军不断加大建设“信息化军队，打赢信息化战争”的步伐。在引进和吸收的基础上，发展了一大批具有国际先进水平的信息化武器装备，使陆、海、空、二炮联合作战能力有了大幅度的提高。国庆 60 周年阅兵既是全军训练水平、作战思想的检验，也是军队武器装备发展的一扇窗口，其武器装备成为阅兵的重要亮点。阅兵式和群众游行展示了中国经济和军事实力以及民众文化水平的提升，展现了中国经济和科技的发展。

“红色歌曲·拉萨唱”：庆祝西藏百万农奴解放纪念日。 章轲 摄

2009 年 3 月 26 日，西藏自治区拉萨市举行“红色歌曲·拉萨唱”大型演唱会，迎接西藏首个“百万农奴解放纪念日”的到来，同时纪念中华人民共和国成立 60 周年和西藏民主改革 50 周年。2009 年 1 月 19 日，西藏自治区九届人大二次会议投票决定，将每年的 3 月 28 日设为西藏百万农奴解放纪念日。设立“西藏百万农奴解放纪念日”将让包括藏族在内的全体中华民族永远牢记 50 多年前西藏平叛和民主改革的历史性事件。

中国海军第一批护航舰艇编队“全家福”。 李唐 摄

2009 年 4 月 8 日，中国海军首批赴亚丁湾海域执行护航任务的三艘军舰在亚丁湾东部海域单纵队集结。图为空中航拍编队“全家福”。

根据联合国有关决议，参照有关国家做法，并得到索马里政府的同意后，从 2008 年底开始，中国组建海军护航编队在亚丁湾索马里海盗频发海域实施护航。护航编队保护航行在该海域中国船舶和人员的安全，保护世界粮食计划署等国际组织运送人道主义物资的船舶安全。截至 2018 年 8 月，中国已派出 30 批护航编队赴亚丁湾执行护航任务，有利地保障了该海域中国以及其他国家商船的航行安全，在承担人道主义任务的同时也增强了我国的国际影响力。

礼尚往来。 Unioncom 供图

2009 年 3 月 2 日，故宫博物院院长郑欣淼（左）与“台北故宫博物院”院长周功鑫共同展示故宫博物院赠送的宋朝赵昌的《写生蛱蝶图》复制品。在本次座谈会上，双方分别就落实合作、使用文物影像互惠、建立展览交流、建立人员互访、出版品互赠、资讯与教育推广交流、学术研讨会交流和文创产品交流等方面进行了详细交流。双方的首次合作迈出了关键性的一步，这象征着两岸文化与合作具有广阔的前景和强烈的中华民族归属感，为两岸的文化事业繁荣打开了新的局面。

記者招待會

3G 时代来了。　木木 摄

2009 年 4 月 11 日上午，人流攒动的北京西单突然出现了一些大头“怪人”。他们头上戴着各种颜色的、绘有英文字母“G”的面具，或单独行动，或三五成群，手持各种款式的笔记本电脑在西单的地铁、商场、超市、广场频繁出没。

这次行为艺术的背景是 2009 年 1 月 7 日工业和信息化部向中国移动、中国电信、中国联通分别发放了全业务牌照，全业务牌照包括了基础电信业务牌照和第三代移动通信业务牌照（即 3G 牌照）。随着 3G 牌照的发放，中国电信业正式进入了 3G 时代。

rand Pacific
北京君太百货

（上页图片）

青岛跨海大桥雄姿初现。 俞方平 摄

2009 年 6 月 11 日，正有序施工中的青岛跨海大桥。青岛跨海大桥横跨胶州湾，把青岛东、西两个主城连接起来，不仅是青岛城区建设的重要结点，也是山东乃至国家高速公路规划的关键部分，成为未来“海上黄金通道”的潜力巨大。青岛跨海大桥全长 36.48 千米，是世界第二跨海大桥，已于 2011 年 6 月建成通车。

深圳商业区熄灯响应“地球一小时”。 王磊 摄

2009 年 3 月 27 日，深圳地王大厦周边建筑深圳发展银行大厦、深圳中国农业银行深圳分行、深圳证券交易所等建筑熄灯一小时。

“地球一小时”也称“关灯一小时”，是世界自然基金会在 2007 年向全球发出的一项倡议：呼吁个人、社区、企业和政府在每年 3 月最后一个星期六 20：30—21：30 期间熄灯一小时，以此来激发人们保护地球的责任感，以及对气候变化等环境问题的思考，表明对全球共同抵御气候变暖行动的支持。这是一项全球性的活动，世界自然基金会于2007年首次在悉尼倡导之后，以惊人的速度席卷全球，大家都来参加这个活动。2009 年，中国内地城市首次参加，数十个中国城市和 80 多个国家和地区的 3000 多个城市共同创造这个美丽的“黑暗时刻”。此后，这一活动在中国得到越广泛的认可，对普及环保意识和环保生活起到了很大作用。

“全民健身日”鸟巢前舞“太极”，破吉尼斯世界纪录。 刘占坤 摄

2009年8月8日，北京奥运成功举办一周年之际，中国迎来首个“全民健身日”。清晨7点，3.4万人在鸟巢前同舞“太极”，此举打破了此类活动的吉尼斯世界纪录。为引导广大市民积极参与全民健身活动，大力巩固和发扬奥运成果，建立健全“全民健身与奥运同行”的长效机制，我国确定每年的8月8日为全民健身日。这既是为了纪念北京成功举办奥运会，也是为了倡导人民群众更广泛地参与体育健身运动。

（上页图片）

余旭和姐妹们训练时，走在停机坪上的回头一瞥。 沈玲 摄

这是2009年9月3日，国庆60周年阅兵训练时的余旭和姐妹们训练时，走在停机坪上突然的回头一瞥。新中国成立60周年的阅兵式上，她驾驶着教-8梯队三中队右二僚机飞越天安门广场，用彩烟将盛典推向高潮。当年8月30日才成为中国首批歼击机女飞行员的余旭，于2016年11月12日在飞行训练中不幸牺牲。蓝天折翼的她是中国仅有的4名能飞三代战机的女飞行员之一，她用自己的青春热血真正为共和国实践了自己写在日记中的一段话："个人的青春乐章中，总会留下动人的旋律和音符。女军人、女飞行学员，是我在自己生命乐章中留下的一笔，我期待在飞翔之路上能多添几笔，把每一笔都当作书签，收藏在我生命的每一页中。"

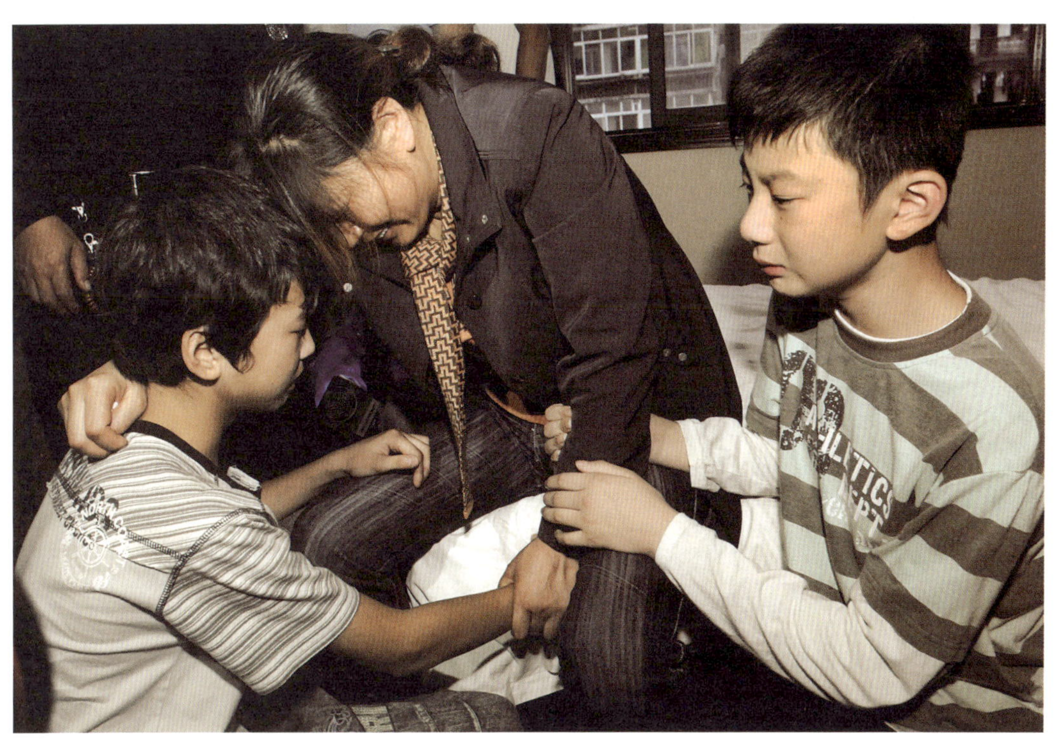

3 名大学生结梯救人牺牲，被救男孩跪谢英雄学子家属。 熊波 摄

2009 年 10 月 24 日，长江大学 15 名大学生冒着生命危险，跳入长江，手挽手组成“人梯”下水救人，最终两名落水少年得救，而陈及时、何东旭、方招 3 名大学生献出了年轻的生命，被评为“全国见义勇为舍己救人大学生英雄集体”。这些年轻的生命，他们青春的气息和温度，人们的手心里感知着，人们的内心里铭记着。这种力量将传递给更多的人，让更多的人手拉手，用爱面对这个世界。回想 20 世纪参加华山抢险，虽然时代环境不一样了，但中华民族扶危帮困、见义勇为的传统价值观的核心并没有变。在当今这个时代，我们应该大力弘扬这些大学生们舍己救人的高尚品格，弘扬社会正气，弘扬这种团结互助的精神。

2010

港澳学生参观上海世博会中国馆。 赵昀 摄

2010 年 8 月 18 日上午，上海世博会开幕至今最大规模的港澳学生参访团——首批 2000 人组成的“港澳学生上海世博参访团”走进世博会中国馆。

第 41 届世界博览会，是由中国举办的首届世界博览会，于2010年5月1日至10月31日在上海市举行。这也是首次由发展中国家承办世博会，体现了国际社会对中国改革开放道路的支持和信任，也体现了世界人民对中国未来发展的瞩目和期盼。上海世博会主题为：城市，让生活更美好。第一次以“城市”为主题也是世博会发展史上的一个创举，极具特色地展示了中国和世界范围内“城市”的多元文化融合、经济繁荣与科技创新、社区的重塑和城乡互动。上海世博会很好地传达了改革开放以来中国推广可持续的城市发展理念。

DAEWOO
DOOSAN
DOOSAN

（上页图片）

舟曲遭遇特大泥石流。 王翮 摄

2010年8月10日，甘肃舟曲泥石流将城镇冲出一个巨大的豁口。本次泥石流的原因是8月7日舟曲县东北部降特大暴雨，引发白龙江左岸的三眼峪、罗家峪发生特大泥石流。泥石流涌入舟曲县城，冲毁大量民房，冲积物阻断白龙江，形成堰塞湖。国家防总、水利部第一时间贯彻党中央、国务院指示，紧急启动应急响应。至11日8时，堰塞湖突然溃决的险情基本排除。党和政府沉着应对，上下齐心、审时度势、因地制宜，应急救援救灾机制全速运转。此次灾害是中华人民共和国成立以来最为严重的山洪泥石流灾害，却在最短的时间内通过监测防洪、疏通河道、整治堤防等水利设施最大程度保障了人员安全和供水安全。这表明改革开放以来，中国的防灾救灾工作日趋高效化和统一化，对人民生命安全极度负责与心系灾民的情怀从未改变。

美丽的喀什欢迎您。　蒋建华 摄

2010 年 5 月，喀什经济特区正式批准成立。8 月，喀什举办首届丝路明珠——喀什噶尔国际旅游文化节暨第五届新疆旅游商品大赛与展销活动。喀什将以“东有深圳、西有喀什”为目标，依托国家批准设立“喀什经济特区”的特殊扶持政策和“一带一路”倡议，面向中亚、南亚、西亚广阔市场，加快超常规发展步伐，努力把喀什建设成为世界级的国际化大都市，带动西部发展。

蛟龙号 3000 米海试作业，南海海底竖起国旗。 王文胜 摄

2010 年 6 月 29 日，蛟龙号深海载人潜水器进行 3000 米海试阶段海底作业，本次最大下潜深度达到 3759 米。图为深潜器利用机械臂在南海海底放置中国国旗。中国成为继美、法、俄、日之后第五个掌握 3500 米以上大深度载人深潜技术的国家。2012 年 6 月，蛟龙号圆满完成 7000 米级海试任务，创造了世界同类潜水器的下潜深度纪录。蛟龙号是一艘由中国自行设计、自主集成研制的载人潜水器，其具有悬停定位、

水声通信、探测海底微地形和多种高性能作业工具的多种功能，可以适应复杂的海洋环境。2017 年度国家科学技术奖励大会上，蛟龙号载人潜水器荣获国家科学技术进步奖一等奖。

蛟龙号历次海试总指挥刘峰说：“蛟龙号是我国载人深潜发展历程中的一个重要里程碑。它不只是一个深海装备，更代表了一种精神，一种不畏艰险、赶超世界的精神，它是中华民族进军深海的号角。”

伪装成熊猫的工作人员将熊猫宝宝带回基地体检。 吕甲 摄

2010年12月3日，四川卧龙全球首只在野化培训基地诞生的熊猫宝宝刚好满4个月，基地研究人员将小宝宝从半野化培训圈抱回办公室，进行了近1个小时的体检。为了让小宝宝不看到人类的样子，所有参与体检的研究人员都穿上了特制的熊猫服装。图片体现的工作人员对熊猫宝宝的爱心，其实是科学研究人员首创的大熊猫“野化伪装法”，为的是伪装好人类的形象和气味，从而降低熊猫的警惕性和人类对熊猫的影响。这样既可以避免熊猫幼崽对人类产生依赖，又能满足研究所需数据资料的采集需求。自1983年卧龙自然保护区建立，中国对濒危动物大熊猫开展科学研究和保护，已经取得丰硕成果。

十里钢城作别最后一炉钢。 赤子 摄

从石景山下的一片荒芜土地，到20世纪现代化的“十里钢城”，首钢在近百年的岁月中历经沧桑巨变。2010年12月19日，首钢石景山厂区第二炼钢厂炼完了最后一炉钢，累计产量8000万吨，完成了历史使命。次日，最后一炉钢材轧出，至此首钢全面停产。改革开放的几十年里，这处曾经缔造了“钢铁文明”的冶炼厂，在经济发展与环境保护相冲突时，毅然服从国家产业结构调整的需要，也为了企业发展的需要，做出了搬迁的决策。搬迁后的新首钢总体技术装备达到世界一流水平，标志着首钢搬迁调整的新钢厂、新布局、新优势基本形成，成为我国第一个向沿海搬迁的大型钢铁企业，为我国产业升级和转移提供了经验和样本。

新校园，
新家园，

会有的！
会有的！

（上页图片）

新校园，会有的！新家园，会有的！ 青友 摄

2010年4月18日，青海省玉树藏族自治州的70多名孩子在地震四天后重新走进了课堂，孤儿学校成为地震灾区第一所复课的学校。图片中黑板上的字迹“新校园，会有的！”“新家园，会有的！”鼓励着孩子们在灾难面前振作起来，重拾信心。除了切实解决好灾区学生复课问题，地震后灾民的冷暖安危也是党中央关心的重中之重。经过援建后的玉树，像一颗冉冉升起的高原明珠镶嵌在祖国的三江源。举全国之力的爱心捐助、慰问和牵挂深深铭刻在了灾区人民的心里。如今，新玉树每天都充满了新的活力，每一天都在奋发向上，我们缅怀过去，但是更加展望未来，相信玉树的明天会更美好。

迟到十年的道歉：老泪纵横的赵作海。 李强 摄

照片拍摄于 2010 年 5 月 12 日，河南省商丘市柘城县老王集乡余庙村，赵作海谈及出狱后一直没有见到 4 个孩子时禁不住伤心落泪。照片中的主人公刚刚在前一天接受了河南省商丘市委常委、政法委书记王建民的看望。王建民代表市政法部门表示歉意，表达了坚决不回避错误的态度。这也是改革开放以来我国法治透明化、科学化的里程碑式事件，推动了中国司法的进步。

父爱的真谛。 许康平 摄

咔嚓一声，2010年6月20日父亲节，“棒棒爸爸”一只手扛住货物，另一只手紧紧牵着儿子从梯坎走下的有爱画面被定格了。面对这张受到极大关注的父亲节照片，有网友评论说：“这位父亲肩上扛着的是家庭，手上牵着的是未来。”这位朴实无华、靠一根“棒棒”在山城讨生活的父亲，用自己的实际行动诠释了父爱的“真谛”。改革开放以来，每位辛勤劳动、自食其力的劳动者都值得被尊重。

庭食店
菜
菜
菜
花
白
经济实惠

西藏墨脱公路标志性工程嘎隆拉隧道贯通。 李靖 摄

随着一声低沉的爆破，2010 年 12 月 15 日上午 10 时，西藏墨脱公路控制性工程嘎隆拉隧道胜利贯通。这标志着墨脱即将结束“全国唯一不通公路县”的历史。

嘎隆拉隧道出口
雪山孤岛两载奋战 天险

2011

祖国接你回家，利比亚大撤侨。 林路 摄

2011 年 2 月，利比亚国内政局持续混乱，在内战不可避免的情况下，中国迅速展开撤侨行动。徐州号护卫舰开赴利比亚执行保护任务，4 架伊尔 –76 飞机参与行动，182 架中国民航包机和 5 艘货轮负责接运工作。此外，还租用了 20 余艘国外邮轮。自 2 月 23 日我国第一时间紧急部署撤离行动，截至北京时间 3 月 2 日 23 时 10 分，我国掌握并有回国意愿的在利比亚中国公民全部撤出，共计 35860 人。

本次行动被外媒称为中华人民共和国成立以来最大的一次海外撤离行动，无形中极大提升了中国的国家形象，被赞誉为一次“鲜活的最佳国家形象宣传片”。

接你回家

中共一大会址纪念馆修缮一新，喜迎中国共产党 90 岁诞辰。 郭长耀 摄

2011 年 5 月 20 日，儿童在中共一大会址纪念馆前放飞彩球。修缮一新的中共一大会址纪念馆重新免费对外开放，吸引了众多市民、游客前来参观。此次修缮主要包括外立面修缮和内墙粉刷，修缮后的建筑以青红砖为主，修旧如旧，呈现出上海石库门建筑特色，外观和质感更接近 20 世纪 20 年代的原貌，馆内陈列未作变动。

2011 年，我们迎来了中国共产党的 90 岁诞辰，历经 90 载峥嵘岁月，这个世界上最大的政党历久弥坚，焕发着蓬勃生机，展现出旺盛活力。“其作始也简，其将毕也必巨。”从党的诞生开始，经过近百年艰苦奋斗，

中国共产党不断发展壮大。为了实现中华民族伟大复兴的历史使命，我们党初心不改、矢志不渝，团结带领人民攻克了一个个难关，实现了一个个大转折，创造了彪炳史册的大事业。为中国人民谋幸福的初心和使命是激励中国共产党人不断前进的根本动力。在烽火连天的革命岁月、热火朝天的建设年代、波澜壮阔的改革时期，这颗不变的初心是团结凝聚共产党人继续奋斗的精神密码，也是我们党不断从胜利走向新的胜利的成功之匙。凝聚起同心共筑中国梦的磅礴力量，中国共产党必将创造属于新时代的光辉业绩。

谐号

（上页图片）

24对铁路新人集体结婚，共同乘坐京沪高铁“幸福列车”。 纪向钊 摄

2011年7月2日，“爱在高铁”铁路青年大型集体婚礼在上海虹桥站浪漫上演。24对为京沪高铁顺利开通运营做出贡献的“铁路新人”搭乘当天出发的G130次“幸福列车”，一同步入婚姻的殿堂。为确保中国首条高铁京沪高铁顺利运营，上海铁路局广大干部职工舍小家为大家，团结拼搏，昼夜奋战，很多人因没有时间和精力来筹备婚事，婚期一推再推。2011年6月30日，京沪高铁全线通车。新人们举办“爱在高铁”集体婚礼，让高铁见证爱情。进入新时代以来，中国高铁发展成就斐然，离不开广大中国铁路人的无私奉献。在此，我们向他们致以崇高的敬意！

山里娃娃有了鸡蛋吃。 纪向钊 摄

宁夏海原县是“营养午餐工程”最早的实施地之一。图片刻画了 2011 年史店乡中心学校 8 岁的黑富军在吃鸡蛋，两只眼睛里写满了欢喜。当地百姓将政府“为全县 34 所寄宿制中小学 1.2 万多名寄宿生每人每周免费发放两个鸡蛋”这一民生工程称为“两蛋一心”工程。2011 年 10 月 26 日，国务院决定启动实施农村义务教育学生营养改善计划，中央每年拨款 160 多亿元，按照每生每天 3 元的标准为农村义务教育阶段学生提供营养膳食补助。政策惠及 680 个县市的约 2600 万在校学生。营养改善计划的实施拉近了党群关系，体现了教育公平，助推了精准脱贫，促进了市场经济繁荣，更重要的是使农村孩子体质得到了改善，健康水平逐年提高，社会效益显著。

娜姐夺冠。 Clive Brunskill 摄

2011年6月，中国网球名将李娜勇夺法网冠军。这是中国乃至亚洲第一个网球大满贯单打冠军。李娜的成功让网球项目在中国更为普通人所熟知，她通过自己的拼搏和探索，为中国体育事业的改革做出了有益的尝试，也用自己的成功见证了中国体育的发展，鼓舞着无数青少年拿起网球拍，带着成为下一个李娜的目标奋斗着。

FFT

天宫一号升空。 秦宪安 摄

2011 年 9 月 29 日晚 21 时 16 分，中国在酒泉卫星发射中心载人航天发射场，用长征二号 F 运载火箭，将中国全新研制的首个目标飞行器天宫一号发射升空。

航天是一个国家高精尖科技的直接体现。从 2003 年完成首次载人飞行、2008 年中国航天员首次太空行走到天宫一号成功发射，我国掌握空间飞行器交会对接技术，都是从“零”到“一”的突破，太空家园的梦想正在紧锣密鼓的脚步声中一次次开花。天宫一号的发射显示了中国加快太空研究开发的姿态，也是中国追赶先进、实现航天强国目标的重要一步。对于中国载人航天来说，这是一步步圆梦的过程，更是一步步追梦的征途。发展航天技术，不仅是民族智慧、经济实力、综合国力的重要体现，也促进了我国生产力的发展，提高了我国国际威望，提升了全国人民的民族自豪感和自信心。飞天梦是强国梦的重要组成部分，随着中国航天事业的快速发展，中国人探索太空的脚步必将迈得更大、更远。

中国航天

微博打拐，解救乞讨儿童。 张国防 摄

2011 年 2 月 10 日晚，一架由南京飞来深圳的飞机平稳地降落在深圳宝安国际机场。这架普通的航班载着一个特殊家庭 1050 天的期待，被拐近 3 年的深圳男童彭文乐在他的爸爸彭高峰以及解救他的深圳民警的陪同下，乘坐该次航班回到了深圳，久违的亲情又回到了家中，悲声变成了笑语。在这次解救被拐儿童中，新兴的社交工具微博发挥了巨大作用。打击拐卖儿童行为，解救被拐儿童一直是公安机关和各级司法部门工作的重点，同时也是强大的社会呼声。保护少年儿童健康快乐成长，让家庭充满欢声笑语，让亲情不再撕裂，是每一个新时代中国人的使命。

FH
Fashion

YHM

（上页图片）

摩托大军返乡过年。 张爱华 摄

2011 年 1 月 27 日，春节临近，各地回家气氛高昂。广东省肇庆市是连接西南地区的“桥头堡”，每年春节前都有超过 10 万在粤打工的西南方向农民工经过肇庆返乡，给肇庆“春运”增加了压力。图片显示的是封开县大批农民工骑着摩托车返乡过年的风景。为了确保这 10 万“铁骑”平安过境，肇庆一共设立了长途摩托车服务点 23 个，同时安排了警车为他们开道。因天气寒冷，服务点还增设了热粥，供应长途跋涉的人员。在必经的 321 国道上，多辆警车在上午 9 点和 11 点、下午 3 点和 4 点车流量大的时段轮流护送，确保“铁骑大军”顺利抵达。这表明改革开放以来，政府的管理日趋人性化与周到化，切实解决了人民群众最迫切的问题，将人民的利益放到心上，温暖了农民工的心。

中老缅泰湄公河巡逻执法首航成功。 北纬 21 度 摄

2011 年湄公河“10・5”中国货船遇袭事件发生后，根据中老缅泰四国联合声明，在四国安全合作机制框架下，中国水上支队将与其他三国执法部门一起开展湄公河联合巡逻执法，共同防范、打击和制止湄公河流域违法犯罪，共同应对突发事件，维护航运安全。2011 年 12 月 13 日 17 时许，参加中老缅泰湄公河联合巡逻执法首航的 3 艘中国巡逻执法船顺利返航抵达中国关累港码头。截至 2018 年 6 月，已经进行了 71 次巡逻执法，这有力地维护了湄公河流域的经贸往来和交流。

P·N5L92
P·N5L89
P·N5L93

李书福和他的汽车梦。 Feng Li 摄

2011 年 3 月 5 日，第十一届全国人民代表大会第四次会议在北京人民大会堂开幕。人大代表、吉利集团董事长李书福和他的沃尔沃轿车在天安门广场合影。2010 年 8 月，吉利集团成功收购沃尔沃，使吉利成为中国第一家真正意义上的跨国汽车企业。与此同时，华为、联想、腾讯、阿里巴巴等民营企业也成为在世界范围内比较有影响力的企业。这表明在经历改革开放 30 多年之后，中国民营企业由小变大，由弱变强，并逐步走向世界。中国民营企业之所以能在世界崭露头角，是因为我们始终坚定不移地推行改革开放，毫不动摇地支持、鼓励、引导非公有制经济发展。只要我们继续坚持下去，全国人民共同努力，定能实现中华民族伟大复兴的中国梦。

2012

2012 年，北京市民关注十八大召开。 方学辉 摄

党的十八大于 2012 年 11 月 8 日在北京召开。这次大会是我们党在全面建设小康社会的关键时期和深化改革开放、加快转变经济发展方式的攻坚时期召开的一次十分重要的会议，对我们党团结带领全国各族人民继续全面建设小康社会、加快推进社会主义现代化、开创中国特色社会主义事业新局面具有重大而深远的意义。图为十八大的召开受到市民的关注。

北京晨报
中国共产党第十八届中央委员会第一次全体会议在京举行
习近平当选总书记军委主席
名车志
瑞丽家居

莫言荣获 2012 年诺贝尔文学奖。 Null 摄

2012 年 12 月 10 日，中国作家莫言在瑞典斯德哥尔摩领取 2012 年诺贝尔文学奖。莫言成为首位获得此奖的中国籍作家。

诺贝尔奖官方网站称他“用魔幻般的现实主义将民间故事、历史和现代融为一体”。莫言获得诺贝尔文学奖不仅对我国国内的文学风潮有着巨大的促进作用，而且对我国的文学作品进入世界文坛也有着非比寻常的意义。

PL53
海上保安庁
JAPAN COAST GUARD
CHINA MARINE SURVEILLANCE

（上页图片）

中国两艘海监船在钓鱼岛领海内巡航。 CFP 供图

2012 年 9 月 24 日，执行东海维权巡航执法的中国海监 66 船和中国海监 46 船（中），依照中华人民共和国有关法律，再次在我钓鱼岛领海内开展例行维权巡航，与日本海岸警卫队巡逻船相遇。目前中国海监已经建立钓鱼岛海域常态化巡航执法。

海南三沙地名碑矗立永兴岛。 张杰 摄

2012 年 7 月 24 日，中国目前最年轻的地级市三沙市正式挂牌成立。它像一颗闪亮的新星，在我国辽阔的南海版图上冉冉升起。作为我国加强西南中沙群岛及其海域管辖、维护中国南海权益的重大举措，三沙市的设立具有重要的战略意义。

图片中的三沙市“地名碑”重 65 吨，由海南省政府为纪念三沙市成立而设立。三沙市政府所在地永兴岛，以前只是我国设立的派出机构，而这次直接以地级市的行政级别来行使管辖权，这是根本性的变化，表明了中国政府维护南海诸岛主权的决心。

（上页图片）

黄岩岛之争下的渔民。 张茂 摄

在1279年元代著名天文学家郭守敬奉旨进行“四海测验”时，南海的测量点就在黄岩岛。历史的记录不容抹去。2012年5月，海南省琼海市黄岩岛海域捕捞作业的中国渔船，90%来自海南省潭门镇。渔民们世代在此海域捕鱼，即使饱受菲律宾军队骚扰也未曾退缩。图片记录了从黄岩岛回到潭门港后的王维州的第一件事：把国旗小心翼翼地解下，折叠好放在柜子里。他笑着说：“在黄岩岛作业，我们把五星红旗高高飘起，这代表着我们的国家。就算他们（菲律宾军方）拿枪指着我，我也不走！这，就是我们的领土！”在王维州眼中，国旗代表着国家。是的，五星红旗的位置不仅在照片的正中央，也在每一个华夏儿女的心里。

各地拼抢“双十一”，忙煞快递员。 许丛军 摄

2012 年 11 月 12 日，江苏省南通市一快递公司里一片忙碌。刚刚过去的 11 月 11 日“光棍节”已成中国第一购物狂欢节。随着社会经济的发展和互联网的兴盛，人们的购买能力日益增强，可购买商品的途径和范围也随之扩大。在这样的背景下，快递行业得到了迅猛的发展。快递业的发展极大地方便了人们的生活，人们足不出户就可以满足购买的需求，但是发展的同时，快递的包装、运输，快递人员的专业性方面同样也带来了很多的问题。如何实现物流业的绿色可持续发展是当前我们需要思考的问题。

起 飞
起 飞

552

（上页图片）

真实原版“航母 style”。 李唐 摄

2012 年 11 月 24 日，辽宁大连航母辽宁号上，中国海军原版“航母 Style”，歼 -15 飞机起飞瞬间。歼 -15 飞机起飞瞬间，起飞指挥员的动作引起了网友的极大兴趣，被称为“航母 style”，而互联网上也掀起了一股模仿“航母 style”的热潮。

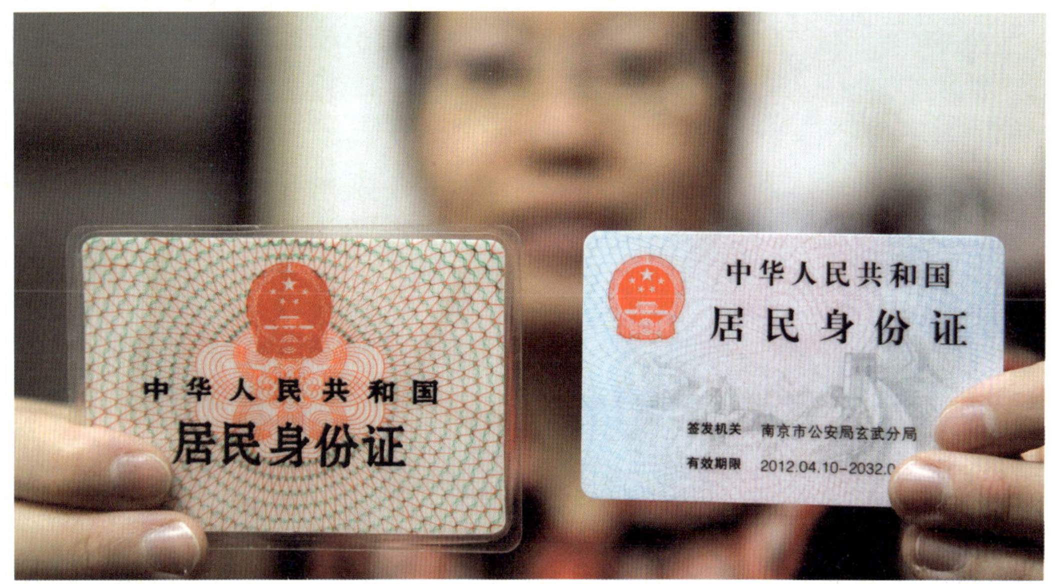

居民身份证。 建华 摄

1984 年，中华人民共和国第一代居民身份证开始试行。1995 年，启用新的防伪居民身份证，采用全息透视塑封套防伪。2004 年，中华人民共和国第二代居民身份证开始换发。2013 年 1 月 1 日，第一代居民身份证全面停止使用 。

图片的拍摄时间，离第一代身份证全面停止使用仅剩 8 天时间。从此以后，塑封的老证件成为永久的时代印记。而身份证的应用和变迁，也记录了一个个中国发展的重要节点。

烛光中的期盼。 张文彬 摄

2012 年 5 月 13 日，大庆师范学院，是一片伞的海洋，一片烛光的世界。一千多名在校师生，冒雨聚集在大广场上，手捧点燃的蜡烛，为他们昔日的学姐、最美女教师张丽莉，举行一次盛大的烛光祈福。2012 年 5 月 8 日，黑龙江省佳木斯市第四中学女教师张丽莉在面临一场失控汽车撞向学生的车祸时，一把推开了两个学生，自己却被车轮碾轧造成全身多处骨折，双腿高位截肢。她的感人事迹传遍了中国。张丽莉是改革开放以来中国教育发展历程中一朵美丽的“教师之花”，真正体现了中国教师的最美风采，是我国教育工作者学习的榜样。

哈大高铁沈阳至大连段通过首场暴风雪考验。 杨永乾 摄

2012 年 12 月 3 日，辽宁省沈阳至大连段迎来入冬首场暴风雪，其中沈阳、辽阳等地达到暴雪量级。在如此恶劣的天气里，正在哈大高铁运行的 CRH380B 高寒动车组以 200 公里时速正常在哈大线上飞驰，完美通过了哈大高铁开通运营以来沈阳至大连段首场暴风雪考验。

CRH

2013

嫦娥三号着陆区全景照片首次公开。 Egraphic 供图

嫦娥三号探测器于 2013 年 12 月 2 日在中国西昌卫星发射中心由长征三号乙运载火箭送入太空，是中国第一个月球软着陆的无人登月探测器。2004 年，中国正式开展月球探测工程，探月工程作为国家重大科技专项，是我国在发展人造卫星和载人航天之后，空间科学和技术发展的第三个里程碑。我国航天科技工作者为实现中华民族伟大复兴的中国梦付出了艰辛的努力。嫦娥五号和六号共同完成中国探月三期工程后，将为我国载人登月奠定一定的基础，使“九天揽月”由探月阶段进入登月阶段。图为 2013 年 12 月 21 日，利用着陆器上地形地貌相机传回的图像，科研人员制作完成的首张着陆区全景照片。

中国（上海）自
China (Shanghai)

由贸易试验区
lot Free Trade Zone

（上页图片）

上海自贸试验区筹备有序推进，外高桥换上新门牌。 张海峰 摄

中国（上海）自由贸易试验区是中国大陆境内第一个自由贸易区，2013 年 9 月 29 日，上海自由贸易区正式挂牌成立，是中国经济新的试验田，力争建设成为具有国际水准的投资贸易便利、货币兑换自由、监管高效便捷、法制环境规范的自由贸易试验区。

中国（上海）自由贸易试验区建设是国家战略，是先行先试、深化改革、扩大开放的重大举措，意义深远。这项重大改革是以制度创新为着力点，重在提升软实力，各项工作影响大、难度高。建设中国（上海）自由贸易试验区，是顺应全球经贸发展新趋势，实行更加积极主动开放战略的一项重大举措。主要任务是要探索中国对外开放的新路径和新模式，推动加快转变政府职能和行政体制改革，促进转变经济增长方式和优化经济结构，实现以开放促发展、促改革、促创新，形成可复制、可推广的经验，服务全国的发展。建设中国（上海）自由贸易试验区有利于培育中国面向全球的竞争新优势，构建与各国合作发展的新平台，拓展经济增长的新空间，打造中国经济“升级版”。

最后的铁道部。 章鱼 摄

一块牌子，一段记忆；一个部门，一段历史。2013 年 3 月国务院机构改革和职能转变方案出台后，与共和国同龄的铁道部即将成为历史。得到消息的人们，不约而同来到铁道部大门口，其中有耄耋之年的老铁路人，也有刚入职不久的新铁路人；有闻风而来的北京市民，也有专程赶来的各地游客。总之，大家都想赶在那块牌子被摘掉前，定格这一永恒瞬间。运行了 64 年的中华人民共和国铁道部正式摘牌，中国铁路总公司、国家铁路局成立。

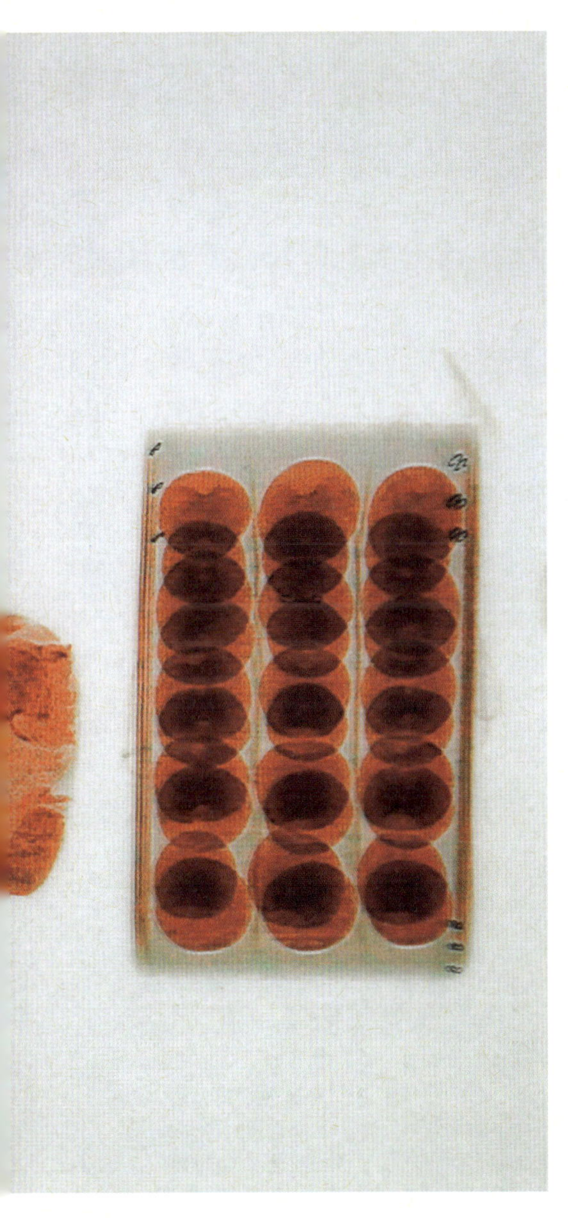

X 光下春运回家的行囊。 白石 摄

这是一张很特别的照片。2013 年 2 月 5 日，在长春打工的面点师张春雨回临江过年。在长春北站火车安检 X 光下，他给父母买的一瓶好酒、一条大鲤鱼、八斤肘子肉，还有一盒糕点一览无余，年的气息扑面而来。

未来资产

（上页图片）

不断“长高”的上海。 徐晓林 摄

2013年8月3日，上海浦东陆家嘴，上海今昔的四座最高的建筑比肩排列（左起为：上海中心、东方明珠、金茂大厦、环球金融中心）。开放，是上海最大的优势。2018年，是上海的改革开放再出发之年，上海仍然保持着敢为天下先的态度。从开放探索初期的稳步发展，到浦东开发开放后的快速增长，再到入世后的全面提速，上海加速融入经济全球化潮流。近40年的改革开放把上海带上了新高度，站在新的坐标起点上，上海将以纪念改革开放为契机，坚定“改革开放再出发”的信心和决心，积极推进一系列新的深化改革、扩大开放举措，全面提升城市的吸引力、创造力、竞争力，让人民拥有更好的生活。近40年来，改革开放的磅礴力量，让上海有了翻天覆地的发展变化，让国人有了前所未有的自信自豪。1992年，浦东新区正式设立，陆家嘴便是改革开放这支大手笔在浦东新区绘制的最舒展的画卷。从千顷农田，到现代化城区，浦东发展成为中国改革开放经济发展的“样本”与“奇迹”。改革开放，仍是中国和世界的主旋律。

在竞争危机中思考的俞敏洪。 陈剑 摄

2013 年 11 月 22 日，北京航空航天大学，俞敏洪在后台等候，准备给贫困大学生做励志演讲。身为中国最大的教育培训机构“新东方”教育科技集团董事长兼首席执行官的俞敏洪，在百度、阿里、腾讯三家网络运营商进入在线教育领域后，备感危机。他表示：“宁可在改革的路上死掉，也不愿死在原来成功的基因里。”

河南

（上页图片）

黄河飞人。 杨东华 摄

穿梭于140多米高空，牵引160吨导线，横跨黄河南北，他们不是杂技演员，他们是哈密至郑州特高压直流工程的电力工人。中国特高压工程是国家电力发展的重大战略工程。中国地理位置特点和主要能源资源如水能、风能、太阳能等集中在西部，决定了中国必须发展特高压电网西电东送。其优点是可以长距离、大容量、低损耗输送电力，并且能够最大程度发展利用清洁能源，是一项利国利民的大工程。自20世纪80年代以来，我国就不断研究攻克特高压电网难题，打造中国特高压工程，制定中国标准，经过30多年的发展，目前中国特高压电网工程已经成为中国走向世界的一张“新名片”！

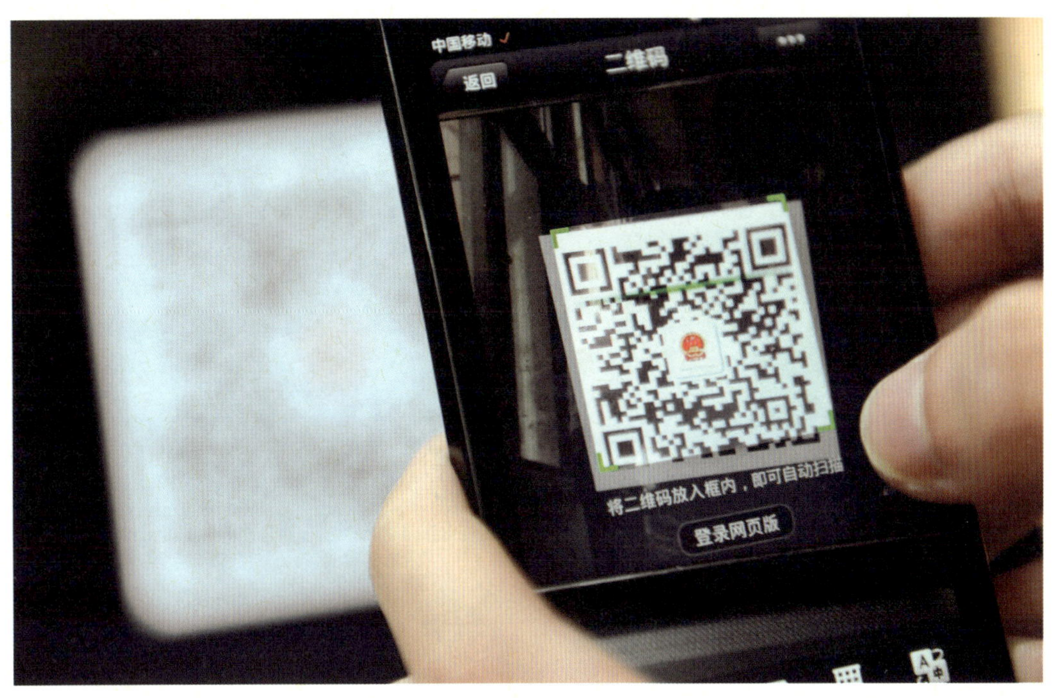

国务院信息平台“中国政府网”微博、微信上线。 龙巍 摄

2013 年 10 月 11 日，浙江省杭州市，一名杭州市民用手机在扫描中国政府网的微信二维码。当日，中华人民共和国中央人民政府门户网站（简称中国政府网）官方微博和官方微信在新华微博、腾讯微博和微信开通，是国务院政府信息公开的又一重要平台。国务院重要政务信息将第一时间通过微博、微信等新媒体形式，向社会公众公开。

2009 年，微博上线，立即受到网民的欢迎。2011 年，更适合智能手机平台应用的微信上线，微信朋友圈很快成为最流行的网络社交方式。各级官方信息平台也顺应潮流，开通微博、微信，更为便捷地传播信息和倾听群众的声音。

感谢您们，敬礼！　王勤 摄

2013年4月20日8时，四川省雅安市芦山县发生7.0级地震，震源深度达13.0公里。20日下午，四川省立即对地震有关工作进行研究部署。通过动员职工积极参与抗震救灾、向灾区发慰问信、从机关公用经费中挤出部分支持救灾、及时召开职工大会通报情况、及时组织捐款捐物等措施对灾区进行了救援。4月23日，芦山县飞仙关镇新庄村车家湾组飞仙小学的学生在路边，向过往军车敬礼表示谢意。震区孩子特有的感谢方式，最朴实也最珍贵。"多难兴邦"的古训，映照了中华民族在地震中展现出的抗震救灾精神、民族精神在灾难中的凝聚、激励和支撑作用，在那些纸板上的一句句"感谢"中升华了。

感谢您们

太空授课。 黎德华 摄

2013 年 6 月 20 日，浙江衢州大成小学三年级的学生通过 iPad 实时观看我国载人航天史上的首次太空授课。神十航天员王亚平上午 10 点在太空给地面的学生讲课。此次太空授课主要面向中小学生，使其了解失重条件下物体运动的特点、液体表面张力的作用，加深对质量、重量以及牛顿定律等基本物理概念的理解。航天员将进行在轨讲解和实验演示，并与地面师生进行双向互动交流。通过这种方式，可以激发少年儿童对航天的兴趣和热爱，普及科学知识和中国航天事业的辉煌历史。

CCTV 1
综合

2014

中华圆梦，百姓有福。 方学辉 摄

2014 年，北京街头的中国梦宣传海报，寄托了中国人民的美好心愿。

中国梦，是中国共产党第十八次全国代表大会召开以来，习近平总书记提出的重要指导思想和重要执政理念，正式提出于2012年11月29日。习总书记把“中国梦”定义为“实现中华民族伟大复兴，就是中华民族近代以来最伟大梦想”，并且表示这个梦“一定能实现”。“中国梦”的核心目标也可以概括为“两个一百年”的目标，这就是：到 2021 年中国共产党成立 100 周年和 2049 年中华人民共和国成立 100 周年时，逐步并最终顺利实现中华民族的伟大复兴。具体表现是国家富强、民族振兴、人民幸福。实现途径是走中国特色社会主义道路、坚持中国特色社会主义理论体系、弘扬民族精神、凝聚中国力量。实施手段是政治、经济、文化、社会、生态文明五位一体建设。党的十九大又吹响了全党全国人民向中华民族伟大复兴中国梦进军的集结号，我们要不负人民重托、无愧历史选择，在新时代中国特色社会主义的伟大实践中，以党的坚强领导和顽强奋斗，激励全体中华儿女不断奋进，凝聚起同心共筑中国梦的磅礴力量。

福
加油！
ELLE
HOMME

南京举行首个国家公祭仪式。 Reuters 供图

2014 年 12 月 13 日，南京大屠杀遇难同胞纪念馆。灰白的纪念墙壁，庄严的持枪军人，折射出了国家公祭日的肃穆氛围。被翻译成多国语言的受难者数字，彰显了中国向全世界还原历史真相的决心！

“国之大事，在祀与戎。”如果说过去的祭祀文化，反映的是一个文明成熟程度的话，那么大家对一段历史的复原以及回忆，乃至将其定格、固化为一个“公祭日”，反映的则是整个民族的成熟与强大。

2014 年 2 月 27 日，第十二届全国人大常委会第七次会议通过决定，将每年的 12 月 13 日设立为南京大屠杀死难者国家公祭日。决议的通过，使得对南京大屠杀遇难者的纪念上升为国家层面，表明了中国人民反对侵略战争、捍卫人类尊严、维护世界和平的坚定立场。

北京怀柔雁栖湖做好准备迎接北京 APEC。 视觉中国 供图

本次 APEC 领导人会议的主题是“共建面向未来的亚太伙伴关系”。在这个主题下有三个重要的议题：推动区域经济一体化、促进经济创新发展、改革与增长，加强全方位互联互通和基础设施建设。APEC 是亚太地区唯一将众多发达成员和发展中成员联系在一起的区域经济合作组织，在推进地区贸易和投资自由化方面发挥着不可替代的作用，亚太经合组织在全球经济活动中具有举足轻重的地位。在 APEC 未来发展中，相信会继续保持其强劲的发展势头，为亚太区域经济的发展做出更大的贡献。

抗美援朝烈士英灵永垂不朽

在韩志愿军烈士遗骸安葬仪式在沈阳举行。 沐影 摄

2014 年 3 月 28 日，沈阳桃仙机场迎接首批 437 位埋骨他乡的中国人民志愿军烈士遗骸从韩国回归故里。64 年前，他们为了祖国义无反顾地走上战场。今天，祖国张开双臂，以最高的礼遇迎接他们回家。2014 年 10 月 29 日上午 10 时，在韩志愿军烈士遗骸安葬仪式在沈阳抗美援朝烈士陵园举行，隆重安葬 3 月 28 日迎回的 437 位在韩志愿军烈士遗骸。抗美援朝烈士家属与社会各界800余人共同见证了这一庄严时刻。

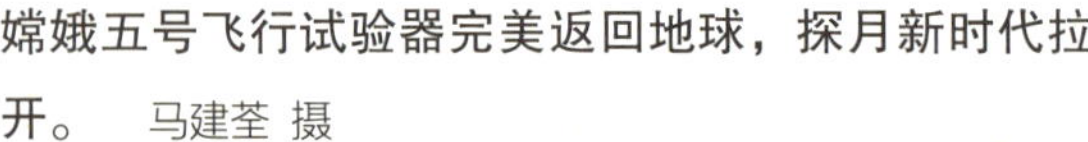
嫦娥五号飞行试验器完美返回地球，探月新时代拉开。 马建荃 摄

2014年11月1日，嫦娥五号再入返回飞行试验返回器在内蒙古四子王旗预定区域顺利着陆，中国探月工程三期再入返回飞行试验获得圆满成功。嫦娥五号飞行试验器用于验证飞行器能否从月球轨道顺利返回，并降落在预定的位置。这是中国实现探月工程计划中的最重要的试验。中国科研人员克服重重难关，终于拿到了第一张“返程票”，标志着中国探月告别“单程票”时代，为未来嫦娥五号执行更为复杂的返回任务奠定了技术基础。我们坚信在广大科研工作者辛勤努力和不断探索之下，中国的载人登月之梦将会很快实现！

特SWAT警
LIMIT LINE
警戒线

天津港
ZPMC
61t
56
COSCO
MAERSK

天津港
天津港
ZPMC
61t
天津港
ZPMC
15
天津港
ZPMC
4
天津港
振华
ZPMC
35
MOL
MOL
MOL
MOL
tex

（上页图片）

天津滨海新区的装箱码头。 贺茂峰 摄

2014年5月14日，繁忙的天津港北疆港区集装箱码头。1984年5月7日，经中共中央、国务院批准，天津港自1984年6月1日实行体制改革试点，实行“双重领导、地方为主”的行政管理体制和“以港养港、以收抵支”的财政政策，成为中国港口改革的先行者。1994年3月，天津市提出用十年左右时间基本建成滨海新区，这是滨海新区作为一个区域概念首次正式被提出。2006年5月，国务院颁布文件，天津滨海新区开发开放正式上升为国家发展战略。自此，天津滨海新区成为继上海浦东之后第二个国家综合配套改革试验区，肩负起改革攻坚“探路者”和深化开放“先遣队”的光荣使命，努力为新时期深化改革扩大开放探索新途径、积累新经验。党的十八大以来，滨海新区按下改革“快进键”，开启力度、广度、深度都前所未有的改革探索。从经济体制改革，到综合配套改革，再到全面深化改革，“敢闯深水区”的滨海新区，始终挺立在改革先行的潮头，改革大戏紧锣密鼓，改革进程蹄疾步稳，改革大潮波澜壮阔，改革故事生动上演。

爱情隧道。 苏阳 摄

2014 年 10 月 8 日，江苏省南京市，南京江宁区一段企业运矿铁路，被茂密的植物环绕，相拥的绿树与铁轨构成一幅美景，很多网友将其称为“爱情隧道”。

起初，铁路产权单位要砍掉周边树木的消息引发网友通过不同方式呼吁“刀下留树”。2014 年 11 月 2 日，在南京“爱情隧道”两侧树木明确不会被砍伐的消息发布之后，已然成为“明星”的“爱情隧道”迎来游客无数。众多游客纷纷来到“爱情隧道”欣赏美景拍照留念。此外，环卫部门也在铁路沿线增设了垃圾桶等环卫设施，并加强了铁路沿线的卫生清扫。

守岛 28 年，“时代楷模”全家升旗庆国庆。 黄金衔 摄

这是拍摄于 2014 年 2 月 13 日，驻守在开山岛的王继才一家三口升国旗的画面。

1986 年 7 月，还是个小伙子的王继才第一次登上这座孤岛，整整 32 年，他默默守护着黄海前哨，不曾退缩一步，妻子王仕花始终陪伴他在无水无电无居民的孤岛上一起克服常人难以想象的困难，守卫国土 28 年。王继才与妻子王仕花一起，以海岛为家，与艰苦为伴，无怨无悔，默默坚守，把青春年华全部献给了祖国海防事业，用生命向党和人民交出了一份爱国奉献的忠诚答卷。在父母的言传身教和影响下，儿子王志国 2013 年研究生毕业后投笔从戎，成了一名光荣的共和国武警边防警官。2014 年，王继才夫妇荣获全国“时代楷模”称号；2015 年荣获“情系国防好家庭”称号。时间仅仅过去三年多，优秀共产党员王继才壮年早逝，令无数人悲痛不已。王继才走了，但万里海疆仍传颂着这位平凡守岛人的故事。守方寸疆土初心不改，倾一腔热血永为楷模。

武汉“抱火哥”。 视觉中国 供图

2014 年 4 月 17 日，武汉，“抱火哥”抱走喷火的煤气罐。当危险来临的时刻，迅速离开危险境地是人的本能，但有些人恰恰相反，这些人有一个共同的名字：“最美逆行者”。

图片中的消防员，手提熊熊燃烧的液化气罐，走得坚定而从容。他的坚定，来源于他的职责在身，忠于职守；他的从容，来自他的无惧无畏，义无反顾。

义无反顾是最能体现“逆行者”的本色。哪里有危险，哪里就有他们的身影；他们的存在，给了我们最大的安全感。战争年代，他们舍生忘死；和平年代，他们抗险救灾。正是这些平凡生命的无惧无畏，才使更多人的平安成为可能。

三联韬奋书店24小时营业，“书虫”喊赞。 《成都商报》供图

2014年4月8日，北京，三联韬奋书店发起的“深夜书房”交流体验活动正式开始，书店将7×24小时试运营，在夜间营业时为读者准备桌子和取暖坐垫，并从灯光设置等方面提供细致、周到的服务。同时，书店将在试运行24小时营业的10天内摸索经验，听取读者建议。试运营结束后，三联韬奋书店也将正式成为北京首家真正意义上24小时全天候开放的书店。

2015

（上页图片）

北京胡同居民仰望参加抗战胜利 70 周年纪念大会的受阅军机从空中飞过。 Aly Song 摄

抗日战争的胜利，是近代以来中华民族第一次取得完全胜利的反侵略战争和民族解放战争，是 20 世纪中国和世界历史上的重大事件。中国人民抗日战争是世界反法西斯战争的重要组成部分，是世界反法西斯战争的东方主要战场。2015 年 9 月 3 日，是中国第二个法定的“中国人民抗日战争胜利纪念日”，也是首个决定放假的抗战胜利纪念日。为隆重纪念中国人民抗日战争暨世界反法西斯战争胜利 70 周年，2015 年 3 月国务院专门发布活动通知，活动的主题是“铭记历史、缅怀先烈、珍爱和平、开创未来”，并举行了抗战胜利 70 周年纪念大会阅兵式。

探营首届全国大众创业万众创新活动周。　董大陆 摄

2015 年 10 月 19 日，首届“大众创业万众创新活动周”在北京中关村拉开帷幕，活动将从 10 月 19 日到 23 日在北京主会场以及上海、深圳、西安、成都、武汉、沈阳、合肥等各分会场同时举行，以推动形成全民共创的新风潮。“大众创业，万众创新”，自国务院总理李克强在 2014 年夏季达沃斯论坛上提出后，就受到中国社会的广泛关注。为了在更大范围、更高层次、更深程度上推进“双创”，国务院决定从 2015 年起设立“全国大众创业万众创新活动周”（“双创周”），搭建“双创”展示平台，推动形成新一轮创业创新热潮。

诺贝尔生理学或医学奖得主屠呦呦上台领奖。 Soren Andersson 摄

当地时间 2015 年 12 月 10 日，瑞典斯德哥尔摩，诺贝尔奖颁奖典礼举行，诺贝尔生理学或医学奖得主中国科学家屠呦呦上台领奖。

曾几何时，在国人常常感叹自然科学的诺贝尔奖离我们还有多远时，这朵“金花”如今落在青蒿素的研发者屠呦呦的身上。她从中医古籍中得到启迪，改变了青蒿传统提取工艺，创建的低温提取青蒿抗疟有效部位的方法成为发现青蒿素的关键性突破。在取得成绩的背后，我们更要看到，在她 40 多年的科研生涯中，虽历经无数的失败，但她一直没有放弃过青蒿素的研究。不为人知的她，心态平和，认真干好科研工作，践行着求实、探索、创新的科学精神，科研界称之为“屠呦呦精神”。在他们那一代科学家所处的物质条件极度贫乏的年代里，尚且可以取得如此骄人的突破，与他们敢于拼搏、勇于创新、团结合作的精神分不开。这是中国的骄傲，也是中国科学界的骄傲，标志着中医研究科学得到国际科学界的关注和认可。这是中华文化的胜利，意味着中国传统的科学文化开始融入世界科学文化的潮流之中。相信在未来的科技竞争中，坚持传统的科学文化，兼顾科学独创性与科学共同体协同发展，必将使世界重新审视中国传统的科学思维。

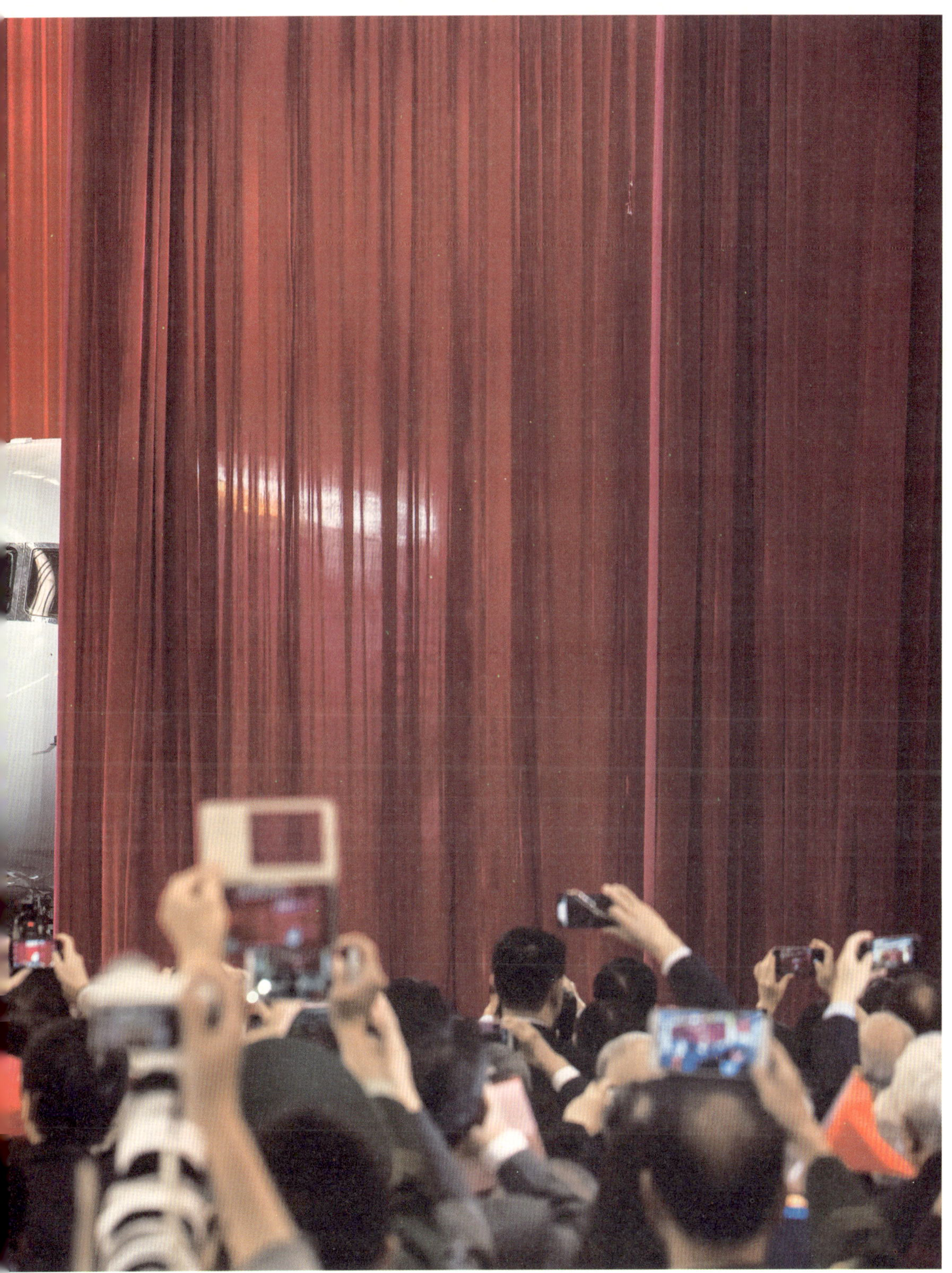

（上页图片）

中国国产 C919 大型客机首架机在上海总装下线。 陈肖 摄

火红的幕布，揭开了 C919 大型客机的神秘面纱，在场的媒体、观众争相记录下这历史性的一刻。让国产大飞机早日翱翔蓝天，是几代中国人的梦想。2015 年 11 月 2 日，我国自主研制的 C919 大型客机，在中国商飞公司新建成的总装制造中心浦东基地正式下线。这意味着我国在航空制造领域迈出重要步伐、取得重要成果，正式跻身世界上少数几个具有大型客机研制能力的先进国家行列，是中国人追梦大飞机的新里程碑。

中国经济要实现更高质量和效益的发展，绝不能没有自己的高端制造业。C919 的正式下线，产业带动和标志性作用绝不可小视，如同响当当的“高铁实力”和“高铁自信”，大飞机也能在加快科技发展、占领高技术制高点方面带给我们更多自信。

北京庆祝成功申办 2022 年冬奥会。 Reuters 供图

随着国际奥委会主席巴赫先生的宣布：北京和张家口携手成为 2022 年冬奥会主办城市。中国人民又一次沸腾起来了！ 2015 年 7 月 31 日，鸟巢前的广场上，庆祝的市民舞动起来了，欢庆的人们再一次见证了国家的荣耀时刻！北京申办冬奥成功，标志着我们国家将迈上一个新的台阶。如今，中国已是世界第二大经济体，我们又有了 2008 年办奥运会的经验，特别是我们优越的办大事的举国体制，这一切都向世人证明，中国人一定能办好冬奥会。特别是在中央出台京津冀一体化的大背景下，北京和张家口联手办冬奥会更有了底气。申办冬奥过程中表现出来的中国自信只是中国前进中的一个缩影。正是得益于民众的支持、政府的决心和日益丰富的物质条件，使得中国得以迈过种种艰难坎坷，以自信的雄姿和宽广的胸怀面对世界。

“习马会”将至，新加坡香格里拉酒店先“热”。 Mohd Rasfan 摄

遇到“大新闻”，是记者的“福气”，照片中这些在新加坡香格里拉酒店等待的记者无疑是幸运的，他们在此见证了一个伟大的历史时刻。2015 年 11 月 7 日 15 时，习近平与马英九如期在这里举行了会面。会面时，两位领导人握手长达 80 秒，共同翻开了两岸关系历史性的一页。这次会面，是 66 年来两岸领导人的首次会面，具有里程碑意义。

“走向西部——中国美术馆经典藏品西部巡展（重庆）”开展。 渝友 摄

2015 年 6 月 19 日上午，由中国美术馆、重庆市委宣传部、重庆市文化委、重庆市文联共同主办的“走向西部——中国美术馆经典藏品西部巡展（重庆）”在重庆美术馆开幕。此次展览汇集了 98 件中国近现代美术史上的代表性力作，是重庆美术馆开馆以来举办的最大规模、最高规格、最高水平的国家级美术作品展。这也是罗中立的成名作《父亲》阔别重庆 35 年后重新回到重庆。《父亲》是当代画家罗中立于 1980 年创作的超写实肖像油画作品。画中质朴的农民手端粗碗，黝黑的脸上皱纹密布，岁月仿佛如刀割一般留下沧桑的痕迹。驻足在画前的人都会和这位似曾相识的农民深情对视。艺术融入人们的思想感情之中，深刻地表现出中国农民的力量和希望。命运给予他为土地的兴衰而抗争的责任，命运同时也给予他为家庭的成败而打拼的勤奋。这是一幅典型的乡土写实主义作品，表现了画家罗中立的乡土主义情怀，既是罗中立本人对本土文化和艺术的坚守与挑战，也是为落后的农村及农民代言，让人们关注农民，关注那质朴的美与勤劳的品格。

（上页图片）

从新疆哈密棉田旁驶过的高铁。 蔡增乐 摄

2015年10月16日，一列动车从新疆哈密棉田旁驶过。兰新高铁，这条全长1776公里，跨越甘肃、青海、新疆三省区的铁路线，自建成就创造了众多第一：世界上一次建设里程最长的高速铁路、世界上穿越最长风区的铁路、国内最长的客运专线……它进一步完善了我国西部铁路网，促进了东西部交流，方便了人们的出行，是“一带一路”上最为便捷的交通工具。对甘肃、青海和新疆三省区而言，兰新高铁的通车还催生出了“同城效应”，兰州到西宁、乌鲁木齐的时间缩短了近一半，“早吃牛肉面，晚品哈密瓜”也不再是梦想。

一个单独二孩家庭的幸福生活。 牧渔影 摄

“生一个太少，两个正好”，这个愿望随着2013年“单独二孩”政策的实施逐渐得以实现。夫妻一方是独生子女的家庭，纷纷响应政策，很快要了二孩。这张拍摄于2015年的贵阳“单独二孩”的家庭照片，让当时很多不符合条件的夫妻心生羡慕。2016年1月1日，“全面二孩”政策实施，从此中国进入“全面二孩”时代，“独生子女”政策彻底退出了历史舞台。由此，中国政策性生育的选择空间得以扩宽，人口建设也朝着生态优化和均衡的方向发展。

2016

（上页图片）

杭州 G20 文艺晚会《最忆是杭州》。 孙楠 摄

2016年9月4日至5日，在中国杭州召开G20峰会。杭州G20文艺晚会《最忆是杭州》湖光山色，水景交融，充满了中国风的天然舞台，加之国际范儿的芭蕾舞，着实是一场中国元素与世界文化的交融与碰撞。而如此设计的初衷，除了彰显杭州的美丽、中国的实力，也和这场晚会的背景G20峰会有着密切的联系。

中国经过改革开放三十多年的努力和探索，已一跃成为全球第二大经济体，不仅创造了中国经济的奇迹，也创造了世界经济的奇迹。如今，中国的经济朝着更高端、更智造转变，而改革开放的模式，也朝着更科学化、更符合中国特色而转变。

此次峰会在中国的举办，成为中国在改革开放问题上向外承诺和表达决心的一次良好机会，一个展示“中国方案”的新平台，也会成为外国政府和企业获得新的市场空间的机会。两者相辅相成，互为促进。这正和这场唯美的晚会有着异曲同工之妙，中国元素和国际元素的结合，将碰撞出令人惊艳的火花。

红军小学“小萌娃”进京参加升旗仪式，纪念长征胜利 80 周年。 刘长龙 摄

2016 年 9 月 27 日，全国红军小学建设工程理事会组织 20 名四川邛崃苏维埃红军小学总校的“小萌娃”来到北京天安门广场参加升旗仪式，接受爱国主义教育。升旗仪式后，小萌娃们来到国旗护卫队，参观了国旗卫士的训练生活。这 20 名红军小学小萌娃还将走进中央电视台，参加为纪念红军长征胜利 80 周年、中央电视台综艺频道《回声嘹亮》栏目制作的特别节目《光辉的足迹》的录制。

全国红军小学建设工程理事会副理事长方强介绍，在长征胜利 80 周年到来之际，全国 230 所红军小学将组织各类红色主题教育活动，宣传红军精神，学习红军精神，让红色基因代代相传。

中国天眼完工。 邓刚 摄

经过5年多的施工，2016年7月3日，随着最后一块反射面单元的成功吊装，被誉为“中国天眼”的世界最大单口径射电望远镜——500米口径球面射电望远镜（简称FAST）的主体工程在贵州省平塘县克度镇的洼坑顺利完工。当年9月25日，FAST启用，开始接收来自宇宙深处的电磁波。FAST拥有30个足球场大的接收面积，突破了射电望远镜的百米极限，是中国自主创新的世界最大天文望远镜。从概念到选址再到建成，FAST耗时22年，为中国天文学跻身世界一流水平创造了条件。

廉政灶。 卢北峰 摄

2016年5月，陕西榆林府谷县高寒岭镇镇政府的廉政灶。两间房屋，排队洗手，排队打饭，门口的对联：饮食卫生就味鲜，生活朴素陈薄蔬。整幅图片，对“廉政灶”政策有了定义式的展示。

2012年12月4日，中共中央政治局召开会议，审议通过了中央政治局关于改进工作作风、密切联系群众的八项规定。廉政灶是专门针对公款吃喝、铺张浪费现象推出的，遏止了盲目攀比、大吃大喝的问题，有效预防和解决了餐桌上的腐败。自从乡镇有了“廉政灶”，各级接待到“廉政灶”接受定额、定员招待，促进了基层党风廉政建设，使干部作风得到较大转变。

廉政灶
生活樸素陳薄蔬
飲食衛生就味鮮

我国南沙永暑礁新建机场试飞成功。 胡善敏 摄

2016年1月6日，永暑礁上迎来了一道亮丽的风景，一群美丽的空姐乘坐两架从海口美兰机场起飞的民航客机，在经过近2小时不间断飞行之后，平稳降落在南沙永暑礁新建机场。永暑礁新建机场位于我国南沙永暑礁上，是我国目前最南端的一座机场。从2014年8月开始，中国政府对永暑礁进行吹沙填海作业，并进行港口建设，至2015年4月完成吹填工作。此后在岛上陆续进行其他功能区建设，欲将其打造为南沙物资集散中心，建设高标准机场是重中之重。永暑礁战略位置险要，是守护祖国南大门的堡垒，同时要营建好南海其他岛屿，确保南海成为和平之海、安全之海。

北京：亚投行大楼剪彩正式启用。 于志强 摄

2016 年 1 月 17 日，亚洲基础建设投资银行大楼举行剪彩仪式，正式启用。亚投行的标志“AIIB”的影子映在地面上。亚投行正式宣告成立，是国际经济治理体系改革进程中具有里程碑意义的重大事件，标志着亚投行作为一个多边开发银行的法人地位正式确立。

AIIB

（上页图片）

港珠澳大桥主体工程全线贯通。 陈显耀 摄

2016年6月20日，澳门，港珠澳大桥全景图。作为“一国两制”框架下粤港澳三地首次合作建设的世界级超大型跨海交通工程，港珠澳大桥独揽众多世界之最。它是世界最长的跨海大桥，全长55公里；它拥有世界最长的海底隧道，全长6.7公里；它还有世界上最长的钢结构桥梁……与其他跨海大桥不同，港珠澳大桥是像“搭积木”一样拼装出来的，它在建设管理、工程技术和环境保护等领域填补了诸多中国乃至世界的“空白”，打破了国内的“百年惯例”，制订了120年的设计标准。大桥预计2018年底全线通车，届时港珠澳三地来往会更加便利。

农村淘宝助力乡村振兴。 视觉中国 供图

2016年11月12日，贵州省遵义市习水县的农村淘宝店。全家齐上阵，每个人脸上都洋溢着幸福的表情，家乡的特色魔芋，在淘宝店铺里深受广大消费者的青睐，让农村小伙子李胜对于今后的致富之路充满了希冀。而很难想象，在这之前的几年，遵义市习水县还是一个并未脱贫的贫困县。

作为改革开放的发源地，农村地区近40年来发生了巨大的变化。作为阿里巴巴在农村电商领域的探索，2014年，阿里巴巴正式推出“千县万村”计划，作为其中代表之一，习水县正式与阿里巴巴签约。农村淘宝以电子商务平台为基础，通过搭建县村两级服务网络，充分发挥电子商务优势，突破物流、信息流的瓶颈，实现“网货下乡”和“农产品进城”的双向流通功能。这才有了像图中李胜一家这样的脱贫家庭。

改革开放以来，中国7亿人口完成了脱贫，也制定了要在2020年实现全面脱贫的目标。相信在以后，会出现更多像“电商脱贫”这样的案例。

重温入队誓言，庆祝首个“中国航天日”。 志远 摄

2016 年 4 月 23 日，中国载人航天与北斗导航共同举办庆祝活动，100 多位航天界的领导、院士、专家、学者参加座谈会，杨利伟等 9 名航天员重温入队誓言，庆祝首个“中国航天日”。

航天员们在国旗面前庄严宣誓：“热爱中国共产党，热爱社会主义祖国，热爱人民解放军，热爱航天事业……”我国航天事业发展 60 年来，已经先后将 10 艘神舟飞船和 10 位航天员送入太空。杨利伟表示，在这样一个特殊的日子里重温入队誓词，既是对我们 10 次成功飞行发射的纪念，同时也激励着我们更好地完成将来的任务。

庆 祝 首 个 “ 中 国 航 天 日 ”
航 天 员 重 温 入 队 誓 词

国际安徒生奖获得者曹文轩。 曹文轩儿童文学艺术中心 供图

意大利当地时间4月4日下午，在第五十三届意大利博洛尼亚国际童书展上，中国儿童文学作家曹文轩获得2016年“国际安徒生奖”，这是中国作家第一次获得该奖项。国际安徒生奖是世界儿童图书创作者的最高荣誉，以童话大师安徒生的名字命名。该奖每两年评选一次，以奖励世界范围内优秀的儿童图书作家和插图画家。曹文轩是中国当代儿童文学的领军人物，他的创作强调内在的艺术张力，尤其注重情感的力量、善的力量和美的力量，代表性长篇小说有《草房子》《细米》《红瓦黑瓦》等，多部作品被翻译为英、法、德、日、韩等国文字。此次中国作家的获奖，是中国儿童文学繁荣发展的见证，也有力地证明了讲述中国故事、体现中国精神、具有中国风格的作品能够被世界各国的孩子所喜爱。

2017

国人关注十九大，彰显中国伟大崛起。 方学辉 摄

2017 年 10 月 18 日，中国共产党第十九届全国代表大会在人民大会堂开幕。党的十九大，是在全面建成小康社会决胜阶段、中国特色社会主义发展关键时期召开的一届十分重要的大会，承担着谋划决胜全面建成小康社会、深入推进社会主义现代化建设的重大任务，事关党和国家事业继往开来，事关中国特色社会主义前途命运，事关最广大人民根本利益。对鼓舞和动员全党全国各族人民继续推进全面建成小康社会、坚持和发展中国特色社会主义具有重大意义。在大会上，习近平总书记首次提出了“新时代中国特色社会主义思想”，这是党和人民实践经验和集体智慧的结晶，是中国特色社会主义理论体系的重要组成部分，是全党全国人民为实现中华民族伟大复兴而奋斗的行动指南。

解放军代表记者会引媒体追捧
参考消息
荣获国家科技进步奖
CCTV.国家品牌计划
十九大彰显中国“伟大崛起”
必美地板欧洲原装进口地板
中共十九大展现开放自信姿态

沙场点兵：庆祝中国人民解放军建军 90 周年阅兵。 柳军 摄

2017 年 7 月 30 日，庆祝中国人民解放军建军 90 周年阅兵在位于内蒙古的朱日和合同战术训练基地举行。90 年前，伴随着南昌城头的一声枪响，中国共产党领导的新型人民军队横空出世。伴着嘹亮的军歌，人民军队高歌猛进，跨入改革开放新时代。照片上是 2017 年 7 月 30 日为庆祝中国人民解放军建军 90 周年在朱日和合同战术训练基地举行阅兵的场景。这次阅兵是中国人民解放军首次以庆祝建军节为主题的盛大阅兵，是野战化、实战化的沙场点兵，是人民军队整体性、革命性变革后的全新亮相。改革开放近 40 年来，我国军队装备现代化事业开展得如火如荼，军队装备越来越先进，部分装备达到世界领先水平。从引进装备到自主研发，“国之重器”被中国人民解放军牢牢握在手里，时刻捍卫着中国的泱泱大国形象。

D4-2205

不忘初心，牢记使命。 韩苏原 摄

2017 年 11 月 2 日，上海，市民踊跃参观中共一大会址。1921 年 7 月 23 日，中国共产党第一次全国代表大会在上海望志路 106 号（今兴业路 76 号）召开，大会通过了党的纲领和工作决议，选举了领导机构，宣告了中国共产党的诞生。中共一大会址纪念馆创建于 1952 年，历史上曾出现多次参观高潮。2017 年适逢中共十九大召开，众多游客和上海市民纷纷来到当年中国共产党的诞生地，争相瞻仰中共一大会址。通过参观，大家了解了中国共产党人的初心和使命，就是为中国人民谋幸福，为中华民族谋复兴。这个初心和使命是激励中国共产党人不断前进的根本动力。

中国首艘国产航母下水。 胡遥 摄

2017 年 4 月 26 日 9 时许，中国首艘国产航母下水仪式在雄壮的国歌声中开始。按照国际惯例，剪彩后进行“掷瓶礼”。随着一瓶香槟酒摔碎在舰艏，两舷喷射出绚丽彩带，周边船舶一起鸣响汽笛，全场响起热烈掌声。航空母舰在拖曳牵引下缓缓移出船坞，停靠码头。

第二艘航空母舰由我国自行研制，2013 年 11 月开工，2015 年 3 月开始坞内建造。出坞下水是航空母舰建设的重大节点之一，标志着我国自主设计建造航空母舰取得重大阶段性成果。新航母形成作战能力之后，我国将有双航母战斗群，今后在不同方向，或分散使用，或集中使用，会更加灵活，也让我们在远海地区作战能力更加强大。

雄安新区成立。 王伟倩 摄

“千年大计，国家大事！”2017 年 4 月 15 日，河北雄安新区成立，是改革开放后继深圳经济特区和上海浦东新区之后又一具有全国意义的新区。雄安新区规划范围涉及河北省雄县、容城、安新 3 县及周边部分区域，地处北京、天津、保定腹地，起步区面积约 100 平方公里，中期发展区面积约 200 平方公里，远期控制区面积约 2000 平方公里。该区对集中疏解北京非首都功能，探索人口经济密集地区优化开发新模式，调整优化京津冀城市布局和空间结构，培育创新驱动发展新引擎，具有重大现实意义和深远历史意义。这也难怪照片中的河北雄安男子张鹏看到雄安新区设立的新闻后会异常激动。

山东首列"点对点"中欧直达班列开通。 唐克 摄

2017 年 9 月 15 日，照片中载满货物的中欧班列从威海港徐徐驶出，直奔德国杜伊斯堡。这是山东省首列"点对点"中欧班列，是我国东部连接"一带一路"沿线国家的快速通道。自 2011 年开行以来，中欧班列不断释放着亚欧陆路物流和贸易通道的潜能，增进我国与"丝绸之路经济带"沿线国家的互联互通。2013 年，习近平总书记提出"一带一路"倡议后，中欧班列的开行数量实现了爆发式增长，国内开行城市达 48 个，能通达欧洲 14 个国家的 42 个城市，让很多内陆省份成为开放的前沿。作为国家推动"一带一路"倡议的重要载体和平台，中欧班列让古老的丝绸之路再次焕发生机，向世界诉说着中国故事，连接起各国人民的心路。

中欧班列
（威海港-杜伊斯堡港）
China-Europe Block Train (Weihai Port - Duisburg Port)
电化区段
禁止攀登
电化区段
禁止攀登
东风4 7655

厦门金砖会议召开。 C鸟 摄

2017 年 9 月 3 日至 5 日，金砖国家领导人第九次会晤在福建省厦门市举行。美丽的厦门花团锦簇，绿草如茵，喜迎四方来客。作为中国最早实行对外开放政策的四个经济特区之一，厦门在近 40 年里，从一个滨海小城蜕变成了颜值与活力并存的魅力之城。照片上的帆船造型花坛和正在展翅高飞的白鹭，给人一种扬帆启航的感觉，象征着金砖五国同舟共济，驶向更加美好的未来。以厦门会晤为新的起点，展望第二个“金色十年”，金砖国家务实合作、“抱团取暖”，将更好地造福五国人民，为世界经济发展和人类进步贡献更多力量。

2017

五大棋手联手仍不敌 AlphaGo。 视觉中国 供图

2017 年 5 月 26 日，2017 乌镇围棋峰会人机大战团队赛，五大棋手联手仍不敌 AlphaGo。5 位世界冠军组成的中国围棋“天团”都没能打败“围棋上帝”AlphaGo？！难怪这被定格的一瞬，他们显得那么不淡定。这不由得让人联想到当初“深蓝”计算机第二次对弈赢了世界棋王卡斯帕罗，也是轰动一时的人机大战新闻。人工智能早在 20 世纪 50 年代就提出来了，作为计算机科学的一个分支，它的研究领域包括机器人、语言识别、图像识别、自然语言处理和专家系统等。通俗地讲，人工智能就是研究如何让计算机做过去只有人才能做的智能工作。目前这一波人工智能发展的高潮，是由 2011 年之后“深度学习”的兴起所带动起来的。AlphaGo 正是利用“深度学习”，而在短时间内迅速迭代升级，因此它能够接连战胜人类围棋冠军。不过目前人工智能系统还缺乏推理能力、缺乏无监督学习的能力、不具备人类的语言理解能力等，其离拥有思维还有相当遥远的距离。以 AlphaGo 为代表的人工智能只是人类制造的工具，是人类智慧的一部分，它们变得越来越“聪明”未尝不是好事，如何将人工智能更好地服务于人类才是我们要继续探索的问题。

中国围棋协会
Google
浙江省体育局

中交天津航道局
中国交建

天鲲号
TIAN KUN HAO

（上页图片）

大国重器。 许丛军 摄

创新是引领发展的第一动力。2017 年 11 月 3 日，由中国交建集团所属中交天津航道局有限公司投资并联合设计的 6600 千瓦绞刀功率重型自航绞吸挖泥船天鲲号在启东成功下水。照片定格了这一令人激动的时刻。2015 年 12 月，天鲲号正式开工，它装备了亚洲最强大的挖掘系统、最大功率的输送系统和当前国际最先进的自动控制系统，可实现自动挖泥、监控及无人操控，被称为“造岛神器”。它的研制成功填补了我国自主设计建造重型自航绞吸船的空白，实现了我国疏浚装备从中国制造到中国创造的转变。

刷脸支付全球首个商用试点落地杭州，顾客可“刷脸吃饭”。 许康平 摄

2017 年 9 月 1 日，浙江省杭州市，顾客在肯德基 KPRO 餐厅体验“刷脸支付”。当天，支付宝宣布在肯德基的 KPRO 餐厅上线刷脸支付：不用手机，通过刷脸即可支付。这也是刷脸支付在全球范围内的首次商用试点。

移动互联网时代，让一切都成为可能。刷卡、刷手机、扫描二维码，当你刚刚跟上节奏，逐渐适应的时候，刷脸时代又来临了。刷脸支付的落地为消费者提供了一种更为便捷的选择，现在你可以完全脱离手机等设备的束缚，靠人本身完成支付。

中国互联网的发展，几乎伴随了 40 年改革开放的后半场进程，而互联网的开放性、包容性，与改革开放的思路不谋而合。如今，中国不仅成为全球互联网第一大市场，更会成为全球互联网应用中心和创新中心。图片中刷脸支付用户体验后的拍照留念，无意之中，可能又记录了一个技术革新的诞生。

共享单车。 方学辉 摄

2017 年，北京，共享单车热逐渐兴起。共享单车，作为中国首创的事物，在国际舆论中备受瞩目，被称为中国新四大发明之一。共享单车的出现对解决城市中的短途交通问题起到了重要作用，受到市民特别是年轻人的普遍欢迎。其中最著名的摩拜单车，目前已经成为全球第一大互联网出行服务企业，被美国权威媒体《财富》杂志评为“2017 年改变世界的 50 家公司”之一。摩拜单车创建了全球首个智能共享单车模式，

其自主研发的专利智能锁集成了移动卫星定位和通讯模块，使用了新一代物联网技术，通过智能手机 APP 让用户随时随地可以定位并使用最近的摩拜单车，骑行到达目的地后，就近停放在路边合适的区域，关锁即实现电子付费结算。以摩拜为代表的共享单车，在其所到的城市中不断掀起骑行的热潮，推动“让自行车回归城市”，为更多人的出行带来方便，也给城市倡导绿色出行提供了可持续发展的智能解决方案。

2018

（上页图片）

青岛上合峰会。 都文明 摄

2018 年 6 月 10 日，山东青岛，2018 上海合作组织青岛峰会拉开帷幕。2001 年 6 月 15 日，中国等六国元首共同发表《上海合作组织成立宣言》，上海合作组织正式宣告诞生。上合组织成立 17 年来，始终保持着旺盛生命力、强劲合作动力，其根本原因在于它创造性地提出并始终践行了“上海精神”。在“上海精神”指引下，成员国之间相互帮助、彼此支持，广泛开展各种合作，齐心协力向着构建上海合作组织命运共同体进发。

2018 中非合作论坛北京峰会开幕。 61 摄

2018 年中非合作论坛北京峰会于 9 月 3 日至 4 日在北京举行。本次峰会主题为“合作共赢，携手构建更加紧密的中非命运共同体”。回首十多年的奋进历程，中非虽远隔重洋，却始终团结合作。自从中非合作论坛成立以来，其已成为中非开展集体对话的重要平台和进行务实合作的有效机制。在国际形势日益复杂的背景下，中非领导人再次聚首北京，共商中非友好发展大计，规划新时代中非合作新蓝图，这必将在更高水平上实现中非合作共赢、共同发展。

马克思诞辰 200 周年。 61 摄

2018 年 7 月 24 日，北京举办纪念马克思诞辰 200 周年的展览。马克思是全世界无产阶级和劳动人民的革命导师，是马克思主义的主要创始人，是马克思主义政党的缔造者和国际共产主义的开创者，是近代以来最伟大的思想家。1818 年 5 月 5 日，马克思诞生在德国特里尔城的一个律师家庭。早在中学时代，他就

树立了为人类幸福而工作的志向。1848 年，马克思、恩格斯合作撰写了《共产党宣言》，一经问世就震动了世界。《共产党宣言》发表 170 年来，马克思主义在世界上得到广泛传播。在人类思想史上，马克思主义对人类产生了广泛而深刻的影响。

2

（上页图片）

加长版复兴号开跑。 刘家豪 摄

2018 年 7 月 1 日，首次投入运营的 CR400BF-A 型长编组复兴号动车组列车从上海虹桥站驶出，开往北京南站。从 7 月 1 日零时起，全国铁路实行新的列车运行图，16 辆长编组复兴号动车组首次投入运营。调图后，全国铁路复兴号动车组可通达 23 个直辖市、省会城市和自治区首府。复兴号动车组列车是具有完全自主知识产权、达到世界先进水平的动车组列车。与和谐号动车组相比，其具有寿命长、材料好、容量大、安全系数高、舒适性好等特点。中国标准动车组还统一了零部件标准，实现了零部件可以互换，能够节省大量的费用。中国标准动车组让中国高铁总体技术水平跻身世界先进行列，部分技术甚至达到世界领先水平。中国标准正在一步步走向世界！

一个时代落幕了。 谢光磊 摄

图为2018年10月31日，一对夫妇在金庸照片前驻足许久，缅怀这位武侠小说泰斗。2018年10月30日，著名武侠小说家金庸先生与世长辞。很多人感慨：一个时代落幕了。曾几何时，《射雕英雄传》《神雕侠侣》《鹿鼎记》等影视剧作品广受欢迎，成为几代人心目中永恒的回忆。在金庸先生构建的武侠世界里，乔峰的侠肝义胆，令狐冲的狂放不羁，杨过的侠骨柔情，这些江湖儿女的快意恩仇给我们留下了一场如痴如醉的武侠梦。“飞雪连天射白鹿，笑书神侠倚碧鸳。”再见金庸，再见，江湖！

CIIE
新时代
共享未来
NEW ERA
SHARED FUTURE

新时代，共享未来。 王效 摄

图为 2018 年 11 月 6 日，中国国际进口博览会现场。2018 年 11 月 5 日至 10 日，首届中国国际进口博览会在国家会展中心（上海）举行，中国国际进口博览会作为世界上第一个以进口为主题的大型国家级展会，吸引了 58 个“一带一路”沿线国家的超过 1000 多家企业参展，将成为共建“一带一路”的又一个重要支撑。举办中国国际进口博览会是中国坚定支持贸易自由化和经济全球化、主动向世界开放市场的重大举措，有利于拓展中国市场，扩大各国经贸合作商机，实现彼此间互惠互利，共赢发展。从 60 多年前的广交会到今年的进博会，时光荏苒，两个国际性贸易平台见证了中国对外开放的“接力”。在改革开放 40 年之际，中国不断向世界宣示，改革不停顿、开放不止步。新时代，中国正迈开大步，以开放的姿态走向合作共赢的未来。

（上页图片）

汶川地震十周年：重访北川。 何玉帅 摄

2018 年 3 月 22 日，四川北川，重建后的曲山镇，绿意盎然，交通便利，成为一个展现羌族文化特色的旅游商贸型城镇。2008 年 5 月 12 日，我国发生了震惊世界的汶川特大地震灾害，也是新中国成立以来破坏性最强、波及范围最广的一次地震。地震发生后，各地纷纷向灾区伸出援手，10 年来，地震灾区发生了翻天覆地的变化。当年的重灾区北川，如今已是楼房鳞次栉比，街路宽阔洁净，城市规划既有历史文化的深远意蕴，又有现代城市的特征。

华为超越苹果，成为全球第二大智能手机制造商。 WANG ZHAO 摄

2018年8月7日，北京的一家华为专卖店。华为成立于1987年，是一家由员工持有全部股份的民营企业，目前有18万员工，业务遍及170多个国家和地区，是新时代中国高新技术领域的杰出代表。华为30年来坚持聚焦在主航道，抵制一切诱惑；坚持不走捷径，拒绝机会主义，踏踏实实，长期投入，厚积薄发；坚持以客户为中心，以奋斗者为本，长期艰苦奋斗，坚持自我批判。华为积极参与国际竞争，尽管在一些市场遭遇重重限制，但华为仍在今年第二季度超越苹果成为全球第二大智能手机制造商。华为、小米等国产手机近年来不断加强自主研发，在全球智能手机市场中份额越来越大，让中国制造走向世界。

“我见证了改革开放。” 视觉中国 供图

2018年，章华妹展示的两份营业执照，一份是1980年，一份是2017年。1980年12月11日，19岁的温州姑娘章华妹，从温州市工商行政管理局领到了一份特殊的营业执照——工商证字第10101号，成为中国第一份个体工商业营业执照，她本人则成为“中国第一个工商个体户”。时隔38年，她拿着自己的第一份营业执照影印件和现在的营业执照，感慨万千。

1978年12月，党的十一届三中全会召开。第二年，按照政策允许，各地可以批准一些有正式户口的闲散劳动力从事修理、服务和手工业个体劳动。乘着改革开放的春风，温州人敢为人先，意气风发地推进市场化改革，创造了举世瞩目的“温州模式”，实现了经济社会发展的历史性跨越。温州，折射出中国走改革开放道路的伟大成功。

章华妹，只是温州商户中普普通通的一员，近40年的时间，她和她的家庭伴随改革开放的浪潮一路走来，风风雨雨，摸爬滚打。他们的家史，正是改革大潮的微缩镜像。

温州市工商行政管理局
个体工商业营业执照
章华妹
解放北路83号
小百货
79年11月30日
一九八〇年十二月十一日
营业执照
名 称
类 型
住 所
法定代表人
注册资本
成立日期
营业期限
经营范围
登记机关

改革开放 40 年后的粤港澳大湾区。 杨飞凡 摄

2018 年 5 月 20 日，粤港澳大湾区。照片为正在规划建设的粤港澳大湾区。远景是粤港澳大湾区基础设施互联互通的标志性项目——港珠澳大桥，远景右侧为深圳蛇口自贸区和深圳南山，远景左侧为香港，中间为横跨深港两地的深圳湾大桥，中景为深圳红树林公园，近景为深圳福田区。粤港澳大湾区建设是习近平总书记亲自谋划、亲自部署、亲自推动的国家战略，是新时代推动形成全面开放新格局的新举措，也是推动“一国两制”事业发展的新实践。2017 年 7 月 1 日，习近平总书记在香港亲自见证国家发展和改革委员会和粤、港、澳三地政府共同签署《深化粤港澳合作 推进大湾区建设框架协议》。回顾一年来的建设成果，

粤港澳大湾区在中央关怀和支持下，立足三地优势、加强三地联动，逐步将香港、澳门融入了国家发展大局。深圳在粤港澳大湾区开放发展中通过与香港、澳门深度合作，与湾区其他城市形成我中有你、你中有我的产业和城市功能分工，为国家构建开放型经济新体制提供了重要支撑。改革开放 40 年来，深圳作为改革开放的杰出代表，是中国快速发展的一个缩影。新时期，建设粤港澳大湾区战略提出后，一个崭新的、充满活力和国际竞争力的一流湾区和世界级城市群，正在迅速崛起。

后记

看，这就是我们经历的时代

在中国人的传统观念里，四十而不惑。40 年对于一个人的生命历程意味着历经风雨之后的笃定、成熟、自信；对于一个国家来说，也是在不断自我变革、不断探索发展道路之后的一种从容、稳定、和谐。2018 年适逢中国改革开放 40 周年，山东画报出版社想做一套纪念改革开放 40 周年的图书，于是我们选取习惯的手法，从一个个“人物 + 场景”的角度，呈现 40 年的发展历程。

在策划与设计这套书的初始阶段，我们就确定要把视线聚焦到普通百姓 40 年的日常生活变化上，以小见大，反映国家及社会的变迁。所以，这套书没有沿用以往历史类图书那种描述政治历史人物及宏大事件的做法，而是选取大量百姓日常生活的照片，通过呈现改革开放 40 年来百姓身边的生活百态，来表现人民在历史进程中的目光、情怀与参与感；同时要求这套书在编辑过程中，注意在历史进程中的坐标与事件发展的脉络交互中，图片和文字的表现方式既要有理性的叙事，又要有感性的抒情。

用影像记录时代发展变迁，把40年的巨变用图片的形式描绘、阐述，这也是山东画报出版社这家出版机构的专业优势所在。在反映不同的历史阶段中国社会面貌的变化时，我们认为图片的呈现能力，有时候比文字更能给读者以冲击力，特别是对于和国家一起走过那段历史的人群，图片更能够勾起他们对往事的回忆，形象、生动、亲切而充满温情。从这些方面考虑，我们渐渐明确了《中国时刻：40年400个难忘的瞬间》这套书的制作思路。在改革开放40年到来之际，出版这样一套记载着时代激荡变革画面、充满人文关怀和历史观点，甚至是包含文学性与艺术性元素的图文书，我们认为很有意义，也很有意思。

为此，我们项目组的编辑们从2018年初就开始了这场“难忘的40年的编辑旅程”，现在看来，这场旅程也是我们每一位编辑的“不惑之旅”。我们在纷繁芜杂的图片文字资料中整理爬梳，查阅了数百万字的1978年至2018年的大事记、年度热点新闻、政论时评，挖掘、筛选了数以万计的纪实摄影照片、新闻图片。在编辑过程中，无数次的讨论和争论，几十次的方案修改，一个个的不眠之夜，有时甚至为了一张照片是否合适，会对比几百张类似的照片……当然，这些经历也会让我们茁壮成长。

一滴水可以反映出太阳的光辉。40年波澜壮阔的改革历程，其实质意义是彰显中国人民坚忍不拔的民族精神。我们用影像细数一段山河岁月中的家国记忆，立足还原行进于巨变中的中国百姓最真实的生活状态和精神风貌，这其中也充满了对生命个体的深刻观察与思考。“400个难忘的瞬间”只是历史长河中的几朵浪花，改革开放带来的深刻变革和深远影响，也非几百张图片能“一言以蔽之”。难以言尽或纰漏之处，敬请读者指正。

感谢主编陈晓明先生以及著名历史学家王学典教授分别为本书作序，他们倾注了极大的热情和心血，也对本书表示了极大的关心和认可。感谢王建民教授、谷永威先生、张登德教授、张福记教授、高翠莲教授、李安增教授等专家学者的共同努力，他们的参与，是这套图书的品质保证。感谢白云、卢德斌、杜典、林彦银、徐文、曹仁军、李璐、麻磊、宋美桦、崔华杰、初志伟、陈开新、孙程程、王硕、刘倩、孟凯歌、赵先昌、仲欣欣等诸位朋友和各界人士的撰稿，感谢众多摄影师及媒体人的关心与支持，每一张图片背后都有他们的一段感人故事。

相信阅读了这套书的读者们，在与我们一起踏上重温往事之旅的同时，对改革开放 40 年会有一个更加全面的了解和认识。有些读者朋友可能会翻出家中的老照片，细细端详，与图册中的照片对比，或许会说一句：“看，这就是我们经历的时代。”这，也正是我们想看到的。

谨以此书纪念改革开放 40 周年，同时献给一起经历这个时代的每一位中国人。

山东画报出版社

2018 年 9 月